细化定位

定位理论的实操和工具化探索

潘轲　柯磊 著

团结出版社

图书在版编目（CIP）数据

细化定位 / 潘轲 , 柯磊著 . -- 北京 : 团结出版社 ,2022.5

ISBN 978-7-5126-9386-9

Ⅰ . ①细… Ⅱ . ①潘… ②柯… Ⅲ . ①企业管理—品牌战略—研究 Ⅳ . ① F272.3

中国版本图书馆 CIP 数据核字 (2022) 第 087986 号

出　　版：团结出版社

　　　　　（北京市东城区东皇城根南街84号　邮编：100006）

电　　话：（010）65228880 65244790

网　　址：http://www.tjpress.com

E – mail：zb65244790@vip.163.com

经　　销：全国新华书店

印　　刷：三河市双升印务有限公司

开　　本：170mm×230mm　16开

印　　张：16.5

字　　数：250千字

版　　次：2022年5月第1版

印　　次：2022年5月第1次印刷

书　　号：978-7-5126-9386-9

定　　价：58.00元

天下难事，必作于易；

天下大事，必作于细。

———老子《道德经》

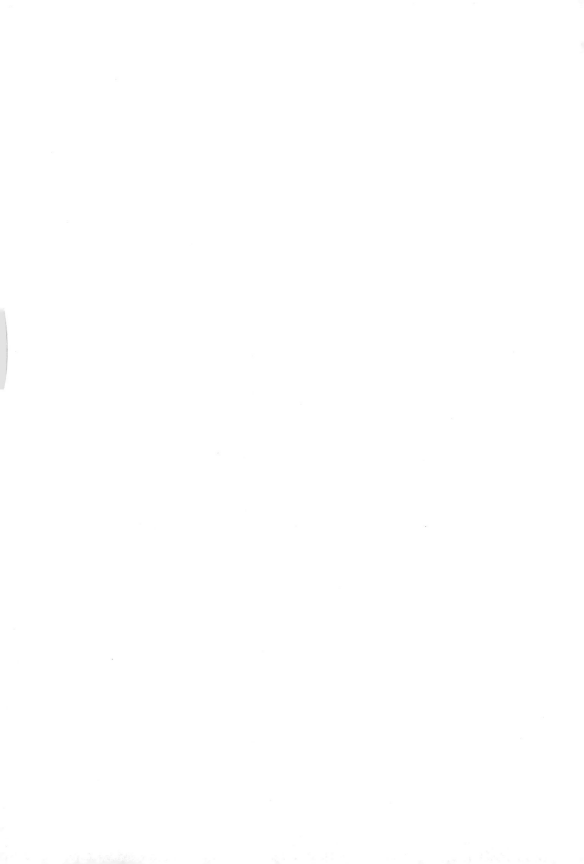

很可能在中国正在形成一股定位的热潮，这对定位理论来说倒未必是好事，因为与热潮相应的绩效跟不上的话，退潮也就会随之而来。从定位热潮到定位绩效，就是定位工作者下一个十年的艰巨任务。很高兴潘轲先生和他的伙伴们正在致力于此，并将他们的心得分享出来。

——特劳特定位全球总裁 邓德隆

正如本书副标题"定位理论的实操和工具化探索"所言，两位作者借助多年对定位理论的研究和咨询实践，将定位理论往"实操"和"工具化"方向做了探索和推进，其中不乏创见！面临日益复杂多变的竞争环境，希望创业者能从此书中获益，增加对未来的确定性！

——分众传媒创始人 江南春

干货满满，案例丰富，内容接地气，理论融实操！通读此书能帮我们系统化的学好定位，并将之用到企业的方方面面，在存量经济博弈时代增强企业的竞争力。我向所有创业者郑重推荐此书。

——达晨财智合伙人 任俊照

本书包含了很多定位实操和落地技巧，也讲到了餐饮行业，推荐给餐饮行业的朋友阅读。创业的门槛和风险越来越高，希望本书能让你少走些弯路！

——书亦烧仙草创始人 王斌

由于行业高度成熟，要做好服装品牌的定位并不是容易的事，感谢顺知在秋水伊人发展的关键节点上为我们指明方向！希望《细化定位》也能帮到你。

——秋水伊人职场时装创始人 姚虞坚

理论功力深厚又兼具极强的实践成果，娓娓道来又刀刀见血，此生必读的商战书籍！《细化定位》有着全套实操方案指引品牌发展，我马上组建"心智投资部"让空军与地区陆战队并重，按老师的落实计划推进每个细化工作，特别是马上完善"第二大脑"的心智市场建设。

——陈鹏鹏潮汕菜 CEO 陈鹏鹏

《细化定位》有效解决了定位理论的落地实操指导，完全可以做为品牌在落地定位时候的参考教科书，书中大量阐述了定位落地的方法，步骤和案例解读。

许多关于定位理论的疑惑，在读完这本书后就会迎刃而解，推荐大家精读，通过此书帮助自己的品牌精进。

——兰湘子湘菜小炒联合创始人 陈波

很多人读过《定位》，可能也听过定位课，但如果真的想用好"定位"，建议你再读下《细化定位》，"细化"了的知识点会彻底的帮助你学懂、弄通、做实，让定位实操迈进一大步！

——古老东方小吃联合创始人 谢磊

作为专业的商业知识分享平台，笔记侠分享了大量对企业有帮助的干货知识。

《细化定位》凝结了两位作者多年有关品牌、定位的思考与辅导企业经验，非常实用，我很乐意推荐给笔记侠的读者们。

——笔记侠创始人 柯洲

定位风起，潮涌中国

自艾·里斯、杰克·特劳特两位营销大师创立定位理论，已过去了半个世纪。虽然美国营销学会曾将定位理论评选为"有史以来对美国营销影响最大的观念"，但定位理论迄今仍然还是一个前沿而小众的理论，未能充分发挥其指导企业战略和品牌经营的巨大威力。

只是，商学院教育已经回避不了"定位"这个术语，例如迈克尔·波特的战略理论、菲利普·科特勒的营销理论均将"定位"作为战略或营销的起点。可惜，商学院讲授的"定位"大多并非里斯、特劳特创立的定位理论，而是跌入了定位理论最常见的一个误区——脱离顾客心智谈定位，使"定位"变成了一种市场细分概念，而非顾客心智区隔，差之毫厘失之千里。

里斯、特劳特开辟了一片崭新的理论疆域，功不可没；但他们的理论确实还不够系统化，尤其是缺乏足够的和必要的专业术语，使定位理论探索者和实践者只能用不精确的类比、举例以及借用、化用其他学科术语或非专业术语进行思考、交流，导致定位界盛行"定位一学就会，一用就错"的说法，这表明定位理论还有待发展和完善，将"只可意会"变成"可以言传"，从而大幅降低定位理论的学习和运用门槛。

发展和完善定位理论的思想创新机会，幸运而且并非偶然地降临在了当下的中国。中国作为后发国家和超大规模市场，在发达国家众多全球品牌的激烈竞争之下，中国企业要想占据更有价值的竞争地位，从中国制造升级到中国品牌，就只有找到甚至发展更有效的商业理论，才能在激烈的竞争中突围，开启中国的全球品牌时代。

定位理论能被激烈竞争困扰的中国企业所选择，就在于其底层逻辑具备相当的科学性——以顾客心智规律为基础，以降低顾客信息费用为目标，所以能够有效指导商业竞争，减少同质化竞争带来的社会浪费，系统化提升社会经济效率。

定位理论进入中国已近 30 年，从最初个别品牌的自发实践，到今天已蔚然成风。定位学习社群、定位培训机构和定位咨询机构大量涌现，运用定位理论打造的成功案例也层出不穷。定位理论探索与实践在中国呈现出参差多态的繁荣局面，构成了定位理论发展与创新的肥沃土壤，升级、完善定位理论的本土著作已不下两掌之数。定位理论发源于美国但繁荣于中国的演进路径，几成定局。本书第一作者潘轲老师是顺知定位咨询创始人、商竞品牌智库理事、高维学堂定位讲师，长期活跃在定位咨询和培训一线，对定位理论有深刻理解，对定位理论在中国的发展保持着实时的跟进与吸纳，并通过咨询实践不断丰富与完善，最终凝结成《细化定位》一书，这将是定位理论在中国蓬勃发展的一部见证之作。

本书内容充实，细节丰富，但作为推荐序，却不得不以点带面、挂一漏万，仅指出令笔者印象最深的三大内容：

（1）定位运用的十大误区，特别适合自学自用定位理论的创业者和企业家自查自纠。

（2）定位细化的操作方法，除了经营者可自学自用，也是定位咨询师可参考的实用工具。

（3）互联网时代的"第二大脑"，这可能是本书最重要的理论贡献。随着智能手机的普及，人脑这个"第一大脑"更加实时、低成本地与互联网连接，被大数据千人千面化的移动互联网就构成了第一大脑的有效延展，成为"第二大脑"。在"第一大脑"和"第二大脑"联合工作时间越来越长的环境里，要有效调动顾客认知，打造强势品牌，就必须充分重视和运用"第二大脑"这个心智战场的竞争规律。

  中国品牌时代已经来临，中国企业经营者再不能无视品牌经营；而定位理论作为在商业一线经过充分检验、生生不息的品牌战略理论，不可不学而时习之。所有推荐序，都无法代替读者的亲身品读，相信本书能给读者以足够的启迪。

  是为序。

《升级定位》作者、天图投资 CEO 冯卫东

定位理论的"顶天立地"

大约从 20 世纪 90 年代起,伴随艾·里斯和杰克·特劳特的畅销作品陆续进入中国,定位理论逐渐超越菲利普·科特勒、迈克尔·波特等大师的营销理论和劳斯·瑞夫斯、大卫·奥格威等权威的品牌理论,成为中国企业家竞相追捧的营销、品牌领域的一门"显学"。

30 年潮起潮落,浪花翻腾。一批又一批定位专家推动并落地了定位理论中国化,引导中国企业家用定位理论付诸实践,成功打造出许多家喻户晓的知名品牌。30 年江海横流,泥沙俱下。当人们倾向于将知识复杂化、抽象化,争夺定位解释权的战争便愈演愈烈,一知半解、好为人师的作品、文章、讲座甚嚣尘上。正所谓大道至简,把复杂的事情简单化,才是真正的智慧。

这便是我翻阅《细化定位》的第一感受。正如作者在序言中开宗明义所言,"本书更多是作为定位理论原著书籍的补充或拓展,希望能够加深大家对于定位理论的基础认知,并没有要革命的抱负和妄想"。作者将理论阐述与案例解读相结合,以多年定位咨询服务的实战经验与心得感悟为内核,从核心原理、品牌打造、心智占领、品类创新、差异化、定位传达、机会探索等方面,深入浅出地还原并丰富了定位经典理论,这恐怕是书名定为"细化定位"的初衷。

在我看来,包括各种"定位"著作和《细化定位》在内,理论通常分为两类:一是科学理论,用于揭示现象背后的一般规律;二是技术理论,即解决问题的工具。基于理论的不同类别,可以将理论知识分为科学、技术、解决三个维度。仅仅具备理论意义或实际作用的作品都有价值,但是两者兼得会更受青睐,这就是我所定义的"顶天立地"。

"顶天立地"是为文著说的追求，关键在于如何理解其真正内核。我认为，要从现实问题出发，在解决现实问题的过程中发现和凝练科学问题，通过解决科学问题最终解决现实问题。现实问题要满足市场需求、社会关注，帮助企业家解决问题与困惑，这叫作"立地"。科学问题要满足学术界的共同需求，甚至开宗立派，成为经典流传，这叫作"顶天"。如果此说成立，那就存在"顶哪片天，立哪片地"的问题。当然，最好是"顶同一片天，立同一片地"。

另外，随着全球化、数字化的步伐不断加快，我们所处的世界正在发生天翻地覆的变化，知识迭代的速度越来越快，我们最近十年掌握的知识和信息超越过往数千年。与此同时，经验固化、自我设限、信息污染、知行分离等误区和障碍，逐渐成为当代人的成长瓶颈和日常焦虑。终身学习、持续更新是我们不断优秀的唯一选择。比如定位理论，只有与时俱进的实践与创新，才能在拥抱变化的过程中常变常新。

企业的边界取决于企业家，而企业家的边界取决于认知与学习。提升认知的捷径在于书本，更在于实践。苏东坡有两句描写春景的诗，"竹外桃花三两枝，春江水暖鸭先知"，其实指向一条哲理："天下之事，闻者不如见者知之为详，见者不如居者知之为尽。"真正的知识只有从实践中获得。事物的本来面目和发展规律是从实践中探索而来，躬身入局体悟的道理才更接近于真理。

《细化定位》便是实践出真知的产物。作者潘轲、柯磊从事定位咨询多年，服务过大角鹿、人本帆布鞋、秋水伊人、兰湘子等一大批优秀企业，而且帮助客户实现倍增式成长，堪称被实践与效果检验过的方法论，更具参考和借鉴价值。

最后，我希望读者诸君能从本书中有所收获，哪怕只是增进一点点对定位理论的理解与认知。同时，也借由这部作品，鼓励大家对于定位理论要勇于实践、敢于探索，以不断更新认知、获取真知，不断获得进步与成长。

华中科技大学工商管理系主任、湖北省市场营销学会会长　常亚平

"细化定位"，拿来就能用

定位，对于中国企业来说，应该是最为熟悉的商业理论之一，也是被最广泛实践的商业理论之一，但坊间却流传着一句"名言"——"定位一学就会，一用就错"，背后的深层次原因是对理论的认识与落地方法还不够科学。

基于此，高维学堂在 2016 年开始就引入了定位系列课程，首先独家开发了天图投资 CEO 冯卫东的《升级定位》课程，将经典定位理论科学化，变得可分类、可解析、可验证，实践之后能精准有效，6 年以来，已经有数千家企业感受到《升级定位》的科学性与有效性。

企业在找到定位之后，落地的细节很多，很多企业反馈如果能有一门课程能在冯老师的升级定位理论的基础上进一步延伸，更系统更细化地帮助企业落地定位，于是我们又邀请潘轲老师共同开发了《定位式营销》这门课，旨在将定位理论工程化，把定位理论里的很多实用知识变得更细化，更容易落地，更能检验其效果，实用性非常高，获得平均 4.97 分（满分 5 分）的学友好评。这本《细化定位》的出版，也正是将这些已经由不少企业实践检验过的宝藏融合在一起，传播给更多有需要的人。

高维学堂一直在践行"知行合一"——我们开发的课程自己都会真实用起来，所以高维学堂的定位打造，从品牌名、品类名到主诉语到信任状，都直接得益于冯卫东和潘轲两位老师的科学方法论，比如当年刚创业的时候，我们的名字叫"我包啦"，冯卫东老师直接指出这是一个寿命不长的名字，必须得改，所以才有了"高维学堂"。

开创"科学创业"的新品类也是冯老师的指导，而后在思考主诉语时，潘轲老师直接给出了画龙点睛的"少走弯路"四个字，才有了现在的"科学创业，少走弯路"，指出了科学创业带给用户的价值是什么，令人信服。

为了让用户更具象化地理解什么是"科学创业"，在潘轲老师的启发下，我们独家研发了一张"科学创业路线图"，聚焦2个创业阶段，14个关卡，每一关都研究出了通关策略——与之匹配的课程产品和服务。创业就像打怪升级，按照这个路线图，创业者们就可以清晰地建立全景图以及知晓关键卡点，有备而战；不再是只靠经验创业，只靠一腔热血创业，大幅提升创业成功率。

还有包括在信任状上的提炼，作为一家创业企业，高维学堂没有什么过多的权威和历史，但我们坚持"以用户为中心"，所以有行业罕见的"课后不满意，无理由秒退全款"的有效承诺，以及数万条的用户课后评价及落地案例，这些是我们聚焦打造和传播的信任状。潘轲老师的理论体系里有关于如何写一个好主诉语的六大标准两大形式，以及十二种信任状的详尽拆解，还有企业介绍、员工名片、品牌故事、企业网站、产品包装、宣传海报、线上门店等几乎所有涉及到用户触点界面的细化指导，可以对号入座，全面优化定位系统，显著提高运营效率。

不要小看每一个细节的优化对于整体运营效率的影响之大，比如不少高维学友学完之后回去把品类名加上，或者改一个品牌名，业绩提升就非常明显，因为这些优化背后都是扎实的科学方法论，是用真金白银的实践推导验证出来的，所以方便易用、用得有效，从而大大改善了"定位一学就会，一用就错"的怪象。

疫情常态化，创业不易，企业不易，每一分钱都不应该浪费，而如何做到不浪费，是有知识可循的——本书既理论又实战，将定位落地的相关知识用科学的方法细化，让更多人拿来就能用，用了就受益。

科学创业，才能少走弯路。向所有想落地定位的创业者强烈推荐此书。

高维学堂 CEO　KK 林传科

定位理论体系化过程的重要著作

定位理论自从被引入中国以来，备受赞誉的同时也受到不少质疑与批判。屡屡发生其他派别的策划大师因风头被抢而使坏，以及蹭流量的行为，这些对定位理论的质疑与批判的行为都是站不住脚的。我们能轻易地从一些批判定位理论的文章中看到中国策划师知识匮乏的一面。他们会把咨询师个人犯的错说成理论失效，这就好比一个人在学骑单车时摔个跟头，然后开始撒泼破口大骂牛顿定律失效一样；另外，他们还经常脱口而出"诞生于工业年代的美国的定位理论并不适合互联网时代的中国"，这是不是逻辑有问题呢？难道说尼古拉·特斯拉发现的旋转磁场的原理不适合中国？难道说中国人用外国人发明的交流电更容易触电身亡呢？

用牛顿定律、旋转磁场的原理打比方，把定位理论描述成规律，可能会让很多人不爽，但如果不能深刻认识到支撑着定位理论"放之四海而皆准"背后的规律，那肯定是用不好它，也不能享受它所带来的红利的。

科斯定律让我们明白了符合趋势的东西往往只会迟到，而不会不到。就像纺织工人的罢工阻挡不了纺织机的广泛使用；就像蜡烛厂老板的阻挠无法影响电灯的普及；就像日本幕府禁止使用枪械最终导致落后挨打。在高速发展的时代洪流中，高效的生产工具总是取代低效的生产工具；比起没有理论工具在手或者使用着低效理论工具的同行，使用高效的理论工具的企业更容易在商战中胜出，这是毫无疑问的。

恰好是预见商业理论在未来的格局，我和火种定位学会也毫不犹豫地选择拥抱定位理论这个终将大行其道的战略工具，并以推广定位理论成为中国企业界常识为使命。当然，一直信奉多元学科思维的我们，并没有拘泥于这一独门武器，也没有狭隘地站队某一门派。众所周知，定位圈也是龙蛇混杂，门派林立。不管是每年一届的 5.11 中国定位日，还是每个月全国的多场活动，我们在推广定位理论的同时，也努力在推动定位理论与更多商业工具的对接。大多数商科理论工具都是有效的，但如果不能围绕着"定位"来发力，其效果也将大打折扣，甚至带来负效果。方向错了，马车再快也意义不大。

既然定位理论这么好，也终将大行其道，那为什么有很多失败的实践案例呢？

一个原因是定位咨询从业者的功底不够扎实，从而指导无方；另一个原因是一些企业家的认知不足，"看不到"未来而导致的魄力不足；还有一个原因就是定位理论的体系不够完善。

幸运的是，改革开放以来的中国经济持续提速，使中国成为全球体量最大且竞争最激烈的市场之一，这样的市场为创新提供了土壤。这些创新包括了技术的创新、商业模式的创新、理论工具的创新。在这样一个时代背景下，定位理论进入中国，大大缩短了企业家的摸索时间；也因为这样的土壤，定位理论在中国得到前所未有的进化，体系也在进化中一步一步得到完善。在已出版的书籍中，最为显著的进化成果毫无疑问是天图投资 CEO 冯卫东先生的《升级定位》；潘轲老师、柯磊老师合著的这本《细化定位》也是不可多得的商业书籍。不同的内容，同样的惊艳。前者清晰阐述了定位理论的底层逻辑，并开创了、升级了不少新知识和工具；后者则聚焦于定位实操，着重论述定位理论在制定企业和品牌战略中的实际运用，以及明确定位之后企业的各项运营要素、活动应该如何整合，如何做细，如何做好！

对于定位咨询师来说，自身的理论体系无疑是其安身立命之本，一般都不愿对外全盘托出，毕竟他们赚的就是知识与信息费用的钱。然而，自我 2014 年见到潘轲老师真人以来，我发现他这方面跟别的咨询师不一样。他除了在定位落地方面的思考很细致之外，也很乐意帮助学习定位理论的企业家、创业者、爱好者。如此，写出这样一本可能会抢了自身的咨询生意的极具操作性的"细化"之作，自然也毫不意外。我相信这本书会直接地帮助企业提高定位实操的效率，让企业的战略制定和运营更高效,从而减少资源浪费,同时也将大大降低社会成本。

这本书是定位理论体系化过程中不可或缺的一本著作,我希望她能够畅销,并常销,成为中国企业家、总经理、品牌部全员人手一本的手册。

火种定位学会创始人　盘子

定位理论的细化探索

得益于改革开放和经济全球化，在过去的40年中，中国经济得以高速发展，中国已经逐步由一个贫穷落后的农业国家跻身成为一个工业化和中等偏上收入国家。据相关数据显示，2021年，我国GDP超过114万亿元，仍然稳坐世界第二大经济体的位置，人均GDP也达到了80962元，经济增长速度之快，令人惊叹！

在这个过程中，我国的物资供应市场得到了极大丰富，消费者的选择权也得以解放，拥有了更多的选择。然而，生产力水平的提升、全球化和信息时代的来临，也将人们推入到了一个产品和信息爆炸的汪洋中：消费者面临的"选择的障碍"，企业面临的"选择的暴力""无效供给[1]"等变成了普遍存在的问题。

如何应对"选择的暴力"？怎样做到"有效供给[2]"？作为解决该问题的强有力的工具——定位理论，在中国发挥着越来越强大的作用。

1991年，由艾·里斯和杰克·特劳特两位西方营销大师合著的《广告攻心战略——品牌定位》被引进中国，定位理论开始被应用到中国的各个领域。在邓德隆、陈奇峰、张云等众多行业前辈的推动下，定位咨询师协助中国企业家成功打造了王老吉、加多宝、长城汽车、飞鹤奶粉、瓜子二手车等一大批品牌。

---

[1] 无效供给指的是社会总供给与有效供给的差额部分。

[2] 所谓有效供给是指与消费需求和消费能力相适应的供给，即产品的供需平衡。

在天图投资 CEO 冯卫东的推动下，在汲取了经济学与进化论营养的基础上，定位理论逐步升级为一门严谨的科学理论，并被广泛应用到了投资领域，成就了周黑鸭、百果园、小红书、奈雪的茶等诸多品牌。在这些成功案例的加持下，定位理论逐渐被中国的企业家知晓，它的热度持续走高，大有跻身商业显学之势，顺知战略定位咨询也因此而受益。

我们从事定位咨询工作多年，在这个过程中，我们一方面感受到了企业家群体对定位理论的欢迎和热爱；另一方面也切实感受到了定位理论在中国落地时存在的一些实际问题。在服务企业的过程中，我们发现许多企业家、创业者对于该理论缺乏一个明确的认知。事实上，自定位理论引进中国以来，人们的争议就从未停止过。有人说定位理论"一学就会，一用就错"，其实，很大一部分是因为很多企业家对于定位理论到底是什么、能够解决什么问题，认知还是很模糊，甚至存在很多误解。这也使得我们在为企业服务时，常常需要花费大量的时间和精力去跟企业家沟通和普及定位理论的基础概念和基本原理。

在这个过程中，我们自身对定位理论的理解也有所精进，对于定位也有了更多的思考和"手感"，这些思考和"手感"便是本书的雏形。我们很清楚，以我们目前的内容和经验，尚不足以构建一个体系，因此，本书中的"定位"，更多的是作为定位理论原著书籍的补充或拓展，希望能够加深大家对定位理论的基础认知，并没有要"革命"的抱负和妄想。

在内容上，本书从定位理论核心原理、品牌打造、消费者心智占领、品类创新、差异化建立、定位传达、行业案例解读以及新时代机会探索等多个方面对定位理论进行了详细阐述，将定位配称的关键点一一细化、掰开。在本书中，你可以看到对定位基本概念的解析，定位实操过程中的一些经验性方法论；当然，也有对热点案例的解读。这些内容没有限定于某个具体行业，因此，对于对定位理论有一定兴趣和基础，想深入了解的企业家、营销人员来说，本书都是可读的。由于我们长期服务于中小企业，直面中小企业运营基础弱、资源不足等诸多现实问题，因此，我们谈论的问题相对来说会比较具体，可能本书对于想打造品牌的中小企业来说，更为适合。真心希望本书能够给大家带来一些启示和帮助。

最后，感谢那些一直关注和信任我们的企业家朋友，是你们的选择和认可给了我们前进的动力。同时，刘廷校、常纪磊、胡宝能、邱韵等几位同事对本书内容也有贡献，在此一并致谢！

深圳顺知战略定位咨询 潘轲 柯磊

2022 年 4 月于科兴科学园

目 录

第八章 未来已来，定位成就未来

序章：定位落地要过好"三关"

做定位，找对方向很关键，但最终可以取得多大效果还有赖于执行。从运营的角度看，定位直接决定了企业资源配称的方向；从传播的角度看，定位直接决定了品牌输出的差异化价值。定位称得上是一个系统工程，任何一环都不能马虎，都需要执行到位。

只有明确了定位落地的关键环节，才能更高效地执行，进而让定位落地变得更有序、更容易。结合为企业服务的实践经验，就定位落地中的关键问题，这里梳理出三个关键点，暂且称之为"定位落地过三关"。

第一关：计划关

不少企业和定位咨询公司合作后，只得到一份《战略定位报告》，并没有落地的细则。不可否认的是，战略方向是定位咨询最有价值的部分，但是这个价值的变现最终还是要靠过硬的执行。对于非定位专业人士的企业及团队而言，只有短短几十页战略方向的PPT是远远不够的。没有定位落地细则的企业，就像只有藏宝图，却没有《生存指南》的冒险家一样，即便他知道宝藏在哪里，也很难得到。

古语云："凡事预则立，不预则废"，意思是说做事要提前计划。只有定位方向没有落地指导，企业相关执行部门就会像无头苍蝇一样，不知该从何下手，只能把注意力集中在日常的基础工作。加之缺乏高层领导人就具体事项的授权和资源许可，他们不敢也无法围绕定位大刀阔斧地开展落地工作，充其量只能对外喊一喊定位口号，修改几张宣传图片和产品介绍。至于广告如何拍摄和投放、公关活动如何开展、产品如何升级和更替、渠道如何取舍或调整等一系列问题，品牌部既不知也不敢去干涉，致使其最终将大部分的时间和金钱都消耗在没有产出的例行事务上。

只有有章法、成系统的将定位配称展开并细化，企业各个部门才能明确具体需要做哪些事，需要调动哪些资源，如何把控事件的轻重缓急，定位也才能真正落地。

在定位落地过程中，只有《战略定位报告》及产品、价格、渠道等基础配称要素指导建议，对企业而言是远远不够的。对企业内部具体的执行人员而言，平面广告和企业宣传册怎么设计，品牌官网怎么规划，甚至员工名片怎么调整，这些问题都尚待调整。老子说："天下大事必作于细，天下难事必作于易"，"作细"是"作易"的前提，只有把定位落地计划做到足够"细"，企业执行起来才会足够"易"。所以，定位落地，"计划关"很关键。

第二关：执行关

中国人做事讲究"天时、地利、人和"。如果要给这三点划分一个顺序，那么，在大多数人心中，"天时"不如"地利"，"地利"不如"人和"。这里所谓"人和"，就是指团结人心，统一思想。

定位不仅需要高层领导人有高瞻远瞩、破釜沉舟的魄力，还需要企业各个职能部门的各级领导和员工来具体执行。领导者只告诉员工一个定位方向，却不说明"为什么要这么做"，团队的思想就无法得到有效统一，在具体执行过程中就很容易受原有思维的支配，从而导致定位落地受阻或变形，甚至会被团队架空。更不要说让企业所有人员自动自发地遵循定位方向去做事了。

西贝莜面村的贾国龙早年曾经为企业请过定位咨询公司，但由于企业内部相关部门的人员没有参与定位培训，没能在思想上达成统一，最终导致"西北菜"的定位被全公司上下一致反对，定位落地困难重重。最后，西贝莜面村放弃了对"西北菜"这个定位的大力宣传，而将运营重点转向了"I LOVE 莜"的创意。

古人打仗时强调"上下同欲者胜"，就是强调团队统一思想对打胜仗的重要性。企业经营和定位落地也一样，需要上下一心。统一思想的工作往往应该自上而下进行，甚至需要老板亲自去抓。但问题在于，企业高层之所以请第三方机构做定位，正是因为自身缺少专业知识，不知如何将定位背后的"所以然"彻底贯彻给执行层。所以，这也对定位咨询机构提出了挑战——帮助企业团队打通思想。

过好"执行关"，对企业团队进行系统的跟踪培训来打通思想，对定位落地而言十分重要。统一思想才能力出一孔，确保定位高效落地。

第三关：出品关

即便进行了系统培训，依然不能保证企业的品牌信息输出不跑偏，最终还是需要由定位咨询公司来严格把关。

这是为何？一是由于身在企业内部，品牌部人员对产品和行业很了解，正因为如此，反而容易缺乏消费者视角，陷入内部思维，想当然地认为自己知道的消费者也应该知道，自己用的专业术语消费者也可以听懂……最终导致无效沟通，而且常常是浪费了资源，还找不到失败的原因。

二是心智处理和接受新事物往往需要时间，不像计算机程序，打开就能立即运行。所以，即便定位咨询公司给出的定位能够被企业认同，但企业管理者和团队也需要时间去消化，即思维的转变需要时间。而这时期品牌部的出品，往往会不自觉地依赖于过去的旧思想，导致品牌出品变形或偏离定位。所以，品牌部的出品也需要定位咨询公司的指导去进行改进。

三是企业内部会存在一些因为部门利益冲突而导致出品变形的情况，这也需要定位咨询公司以局外人的中立和专业身份去进行矫正。

王老吉商标纠纷事件已经尘埃落定，失去"王老吉"的加多宝集团打造了自己的凉茶品牌"加多宝"。为了重新占据消费者心智，加多宝推出市场后直接诉求"正宗凉茶喝加多宝",并请凉茶发明人的第5代玄孙来代言,结果导致连续2个月的巨大投入打水漂。哈弗SUV在H6取得成功后,直接推出高端系列H9,结果损失上百亿元……这些失误,几乎都是企业陷入内部思维和对定位理解不到位所交的巨额学费。

把好出品关,对品牌出品严格把控,保证战略落地不偏航,才能让有限的资源因精准而产生巨大效果。

好的战略方向如果没有系统的细化落地策略扶持,很容易导致定位落地缓慢以及战略方向出现偏差等问题,一旦出现这种情况,不仅容易造成资源的严重浪费,往往还容易让企业对定位是否准确产生怀疑,进而影响团队士气,甚至可能半途而废。阿里集团创始人马云曾经表示,如果"一流主意三流执行"和"三流主意一流执行"二选一的话,他宁愿选择后者。由此可见,执行的重要性。

对实施定位战略的企业而言,只有对定位全方位、全流程的细化落地,才能真正使定位为企业创造巨大价值!

第一章

所有商战，核心都是认知战争

商场如战场，商战无处不在。今天的商战，不是产品之争，而是一场各种认知之间的较量。产品本身的差异化，远远比不上消费者心智认知所产生的差异化。商战的核心，就是认知战争，最终的目的是赢得竞争。

新时代的商业不是竞争，而是"战争"

在物资匮乏的年代，产品是稀缺资源，卖方占据绝对的主动权。在这种市场环境下，企业经营的重点是发现需求、满足需求。随着社会的发展及人们生活水平的提高，如今人们已进入供大于求的超级竞争时代。

在消费升级大背景下，消费者的消费需求和渠道日益多元化，同一类产品有很多种选择，市场开始由卖方市场转向买方市场，买方开始占据主导权。这时，企业只是简单满足消费者需求已远远不够，创造需求就变成了一件非常重要的事情。

比如，手机刚刚进入中国时，消费者并没有太多的选择权，这时候的营销大多都倡导"以消费者需求为导向"。手机厂家的产品生产也是建立在市场调查、充分挖掘消费者需求的基础上，彩铃业务、彩屏等功能都是"按需生产"的结果。

如今，智能手机琳琅满目，消费者在选择手机时，从品牌到款式，再到购买渠道，拥有多种选择。在这样的市场环境下，一家企业很难满足消费者的所有需求，创造和引导消费需求就成了营销的重点。

在这个产品极度爆炸的超级竞争时代，商业的本质已经不完全是服务消费者，占领消费者的心智也变得至关重要。定位之父艾·里斯和杰克·特劳特在

《商战》一书中提到："商业即战争，敌人即竞争对手，战场在顾客心智中"，这是定位理论的核心观点之一。

不管是军事战争，还是商业战争，其本质都是一种极端的竞争形式。因此，军事战争中的很多思想和原理，同样可以借鉴到商业战争中。定位之于商业战争的重要性，正如《孙子兵法》之于军事战争一样。定位的目的是使产品在众多品牌中被消费者选择，它不是一个游戏，而是一种战争。准确的定位不仅可以占据消费者的心智，还可以淘汰其他竞争品牌。

根据定位理论，在商场中打仗，需要注意以下 4 个核心观点，如图 1-1 所示。

图 1-1 在商场中打仗需要注意的 4 个核心观点

1. 占领消费者心智

心智资源影响消费者的购买决策。传统的营销主要是以创造利润为中心；定位理论则认为首先要占据消费者心智，消费者一旦对品牌建立了观念，就很难再主动改变，这就是定位意义下的营销。

比如，顺爽洗发水认为"头发柔顺"是消费者对洗发水的一个重要需求，因此，在投入市场时，就将"头发柔顺"作为主要营销点，结果却没有获得成功。这是因为飘柔已经抢先占据消费者的心智资源了，顺爽再想取代飘柔在消费者心智中的地位，几无可能。

2. 重视认知成果

定位指导下的营销对成果的界定与传统的营销不同。传统的营销认为成果就是销售额和利润，是短期的界定；定位理论则将构建"好的认知"作为成果，即便当下没有形成立刻购买，只要让品牌在消费者心智中建立了优势认知，企业就取得了成果。而企业一旦获得了这个成果，就极易在商战中占据优势地位，销售额和利润也会随之而至。

3. 着眼长远

要想打胜仗，就需要立足当前、着眼长远、谋划全局。商业战争同样如此，企业要想在众多对手中脱颖而出，也需要着眼长远，要懂得适时建立品牌的护城河。在消费者心智中构建"好的认知"，这是保证品牌长盛不衰的一个重要基础。

4. 定位重构战略

用定位统领企业经营，需要企业内部运营和外部营销保持一致。内部运营解决供应端的问题，外部营销解决用户获取的问题。所谓"定位经营"的基本原则，是指不符合定位的不做，符合定位的要多做；不符合定位的不说，符合定位的要多说。

商业战争的真正核心其实是消费者的选择权之争，这是一场认知之战。在存量时代，多个企业面对着同一个消费群体，企业需要跳出发现、满足消费者需求的禁锢，运用战略思维去赢得市场竞争。

定位的实质：借力打力，借势建势

什么是定位？用已有的资源作为推力，找一个独特角度作为心智切入点，借助竞争的力量，将一个概念推入消费者心智，从而建立优势认知，这就是定位。概括地讲，定位的实质就是"借力打力，借势建势"。

1. 借力打力

在太极拳技击技法中，有一个十分重要的原则，就是"借力打力"。借力打力的核心意义在于以反作用力使进攻者受挫。定位便是借消费者头脑中已有的认知、借竞争对手的认知与势能来建立新的认知。

《定位》一书中写道："在任何一个定位项目里，你如果能在一开始就利用上一个大家根深蒂固的观念，就等于在树立自身地位的工作中迈出了一大步。"所谓"根深蒂固的观念"，就是指心智中已有的强势认知。换句话说，每一个定位项目都要借用消费者头脑中一个有势能的认知来建立一个新认知。

另外，成功品牌需要一个独立身份，因此，企业在建立新的认知后，紧接着要做的第一件事就是掐断与旧认知的联系。就像李泽楷成功后不希望被人说成是"李嘉诚之子"，撑竿运动员起跳后也要把竿扔掉一样。

值得注意的是，借力打力的前提是企业本身要具有一定的力，并不是彻底的"无中生有"。

2. 借势建势

《定位》一书中指出："定位的基本方法不是创造新的、不同的东西，而是改变人们头脑里早已存在的东西，并把那些早已存在的联系重新连接到一起。"用中国人的话讲，就是借势。

《孙子兵法》中是这样描述"势"的："故善战者，求之于势，不责于人，故能择人而任势。任势者，其战人也，如转木石。木石之性，安则静，危则动，方则止，圆则行。故善战人之势，如转圆石于千仞之山者，势也。"在这段话中，势有两个层次的意思：

一是指地理上的势，实质上就是"高差"，主要是指占据相对较高的地理位置，相对于较低的位置就有了势，如图1-2所示。打造品牌也一样，占据高地，再往下俯冲，胜算更大。

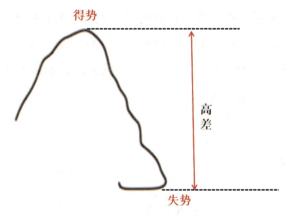

图 1-2 势的实质就是"高差"

二是指心理上的势，比如说人数多、士气高、装备好……

在商战中，"势"也指高差，不过这个高差是认知中的高差。品牌一旦在认知上占据了高地，与竞争对手形成了高差，就是强势品牌，相应的竞争对手就成了弱势品牌，强势品牌将通吃弱势品牌。

非常可乐是娃哈哈集团根据中国人的口味研制而成的一种可乐型碳酸饮料，上市仅仅半年，销售超过25万吨。在百事可乐和可口可乐两大行业巨头的夹击下迅速成长，其单项产品一度逼近百事可乐在中国的销量，曾被誉为"商业奇迹"。

非常可乐取得成功的原因有很多，巧妙避开可口可乐、百事可乐在中国厮杀的主要战场是其成功的关键原因之一。一、二线城市是可口可乐、百事可乐的主战场，非常可乐则是面向三线及三线以下城市，甚至是乡村。

随着百事可乐和可口可乐竞争的不断加剧，竞争市场逐步下沉，双方纷纷加大了对全渠道的投入力度，凭借强大的品牌影响力，农村市场迅速被可口可乐和百事可乐瓜分。非常可乐花费巨大精力培育的市场，最后也成了别人的市场，没有"势"的非常可乐，最终成了弱势品牌。

对于强势品牌来说，推广的主要目的就是把自己的势拔得更高，进而制造更高的高差；弱势品牌之所以也会选择推广，目的是消灭高差，缩小与强势品牌的差距。借势便是一种制造高差和消灭高差的方法，如图 1-3 所示。

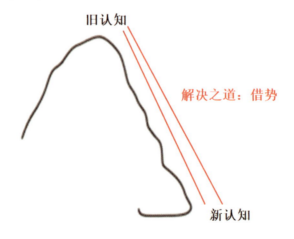

旧认知

解决之道：借势

新认知

图 1-3 借势

需要注意的是，这里的"势"既可以理解为消费者头脑中已有的认知，也可以理解为消费者认知的发展趋势。

  "消费升级"是发展趋势里的一个非常重要的"势"。所谓"消费升级"，是指当消费者的收入有所提升，就会希望享受更好的产品或服务。人的欲望是无止境的，几乎每个人都在追求更高品质的生活，可以说，不断升级消费是人性的一部分，这给企业提供了建立高端品牌、占据高端定位的机会，也是建立认知优势最有效的方法之一。

  当众多同质化产品同时出现在消费者面前时，就会产生"选择的暴力"，即消费者无论选择哪一个都有风险，不知道该如何选择。这时候，"借力打力，借势建势"就能从选择的暴力中解救消费者，选择的暴力也由此变成企业发展的推力。

  学习和实践定位的过程，其实就是从"识势"到"借势"再到"成势"的过程。学习定位，实际上是在学习识势，是在练出一双能够识势的火眼金睛。

定位航向标：五种战略形式解读

《商战》一书的作者将消费者、同行分别比作阵地和敌人，并基于《战争论》提出了防御战、进攻战、侧翼战和游击战四种战略模型。

关于企业应该如何进行选择，《商战》也给出了答案：战略选择是由企业所在竞争领域（行业或品类）的地位和实力决定的。通常情况下，94%的企业都应该选择游击战，即每100家企业里，有94家应该打游击战，剩下的有3家打侧翼战，2家打进攻战，只有1家应该打防御战。

后来，里斯中国（知名战略咨询公司，由艾·里斯创办于1963年）在《商战》四种战略模型的基础上，又提出了第五种战略模型——抢先战。下面是对这五种战略模型的详细解读。

1. 防御战：打造不可攻破的"护城河"

防御战的主角是市场领导者，《商战》一书中，总结了打防御战需要注意的三个原则，如图1-4所示。

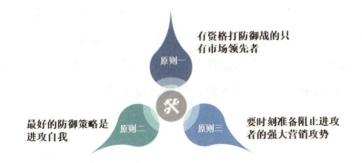

图 1-4 防御战的三个原则

原则一，有资格打防御战的只有市场领先者。需要强调的是，这里的领先是指在消费者心智中领先。中国人常讲要"以逸待劳"，意思是指作战的时候采取守势，养精蓄锐，等进攻的敌人疲惫后再出击。商业战场同样如此，很多时候，防御比进攻更容易获胜。

原则二，最好的防御策略是进攻自我。所谓的进攻自我，本质上是指自我升级，更新人们的认知。换句话说，企业要不断更新产品或服务来实现自我迭代，以此来巩固产品品牌在消费者头脑中的优势，避免人们形成认知固化，进而出现"坡顶效应"。露露杏仁露是一个非常典型的案例。

露露杏仁露由河北承德露露股份有限公司生产，是中国第一款杏仁露产品，也是我国首个蛋白饮料（一种以乳或乳制品或有一定蛋白质含量的植物的果实、种子或种仁等为原料，经加工或发酵制成的饮料），曾一度火遍全国，是国内餐桌上最受欢迎的饮品之一。

遗憾的是，作为杏仁露产品的开创者，露露在成为品类领导者之后，却没有及时地为品牌补充势能，没有实现有效的自我迭代。很快，露露就被各种品牌的杏仁露产品以及新诞生的花生露、核桃乳等抢占了大量的市场份额，失去了往日的辉煌。

原则三，要时刻准备阻止进攻者的强大营销攻势。打赢防御战的关键就是要时刻保持警惕，时刻做好还击的准备。比如，进攻者准备了 1 个亿的营销资金向你发起攻击，那么，你作为领导者，就要准备好 3 个亿的营销资金来制造噪音，遮盖进攻者的声音。任何时候，领导者都不能轻视对手，在进攻者建立起稳固地位之前，就要开始阻击。

> 小米手机在推广之初，HTC、酷派、联想等手机市场上的领先品牌都没有及时地阻击，后来小米做大做强了，手机市场上又多了一个强势对手。

2.进攻战：避实就虚，精准聚焦

进攻战是为市场第二、第三的企业准备的，当企业强大到一定程度时，就可以集中力量向市场领先者发起进攻。简单地说，就是长途奔袭不能打进攻战，只有企业的地位、实力都靠近市场领先者的时候，企业才可以发起进攻战。企业在发起进攻战时，需要注意以下三个原则，如图 1-5 所示。

图 1-5 进攻战的三个原则

原则一，重点考虑领先者在心智中的强势。世间万物高下相成、对立互补，有强势必有弱势，有阳光面必有阴暗面，强势的背面便是弱势。

原则二，要找到领先者的强势中所蕴含的弱点，而不是在其现有的弱势中找弱点。

> 赫兹公司曾经是全美汽车租赁公司的领头羊，其车型丰富、租车门店众多、服务类型多样、服务品质一流，竞争者很难撼动其在行业内的地位。然而，当时位居第二的阿维斯公司则盯住了赫兹公司强势中所蕴含的、实力之外的弱点——等候的队伍长，推出了"从阿维斯公司租车吧，我们的柜台前排的队更短"的广告。这一点成功迎合了赫兹的一部分消费者，顺利地将其转化为自己的消费者。

原则三，尽可能在狭窄的阵地上发起进攻，这可以在兵力优势、进军速度上取得优势。企业在发起进攻战时，要尽可能地收缩战线，要将优势资源精准聚焦到单一产品上，不要试图全线攻击。

> 在微波炉市场，格兰仕可以称得上是当之无愧的领先者，有着"价格屠夫"之称的格兰仕凭借低价策略一度创下高达73.5%全国市场占有率的奇迹。之后，美的携巨资进军微波炉市场，向格兰仕发起冲击。在战略上，美的首先采取低价竞争策略抢夺格兰仕的市场份额，又推出了具备"蒸"功能的微波炉，宣称开启微波炉的新时代，并以行业创新者和领导者的姿态起草了微波炉"蒸"的行业标准。
>
> 除此之外，美的还针对"蒸"功能对产品进行了升级，进一步推出了以"高技术"著称的美的变频"蒸立方"微波炉系列产品，并在"蒸立方"发布会上，宣布美的微波炉将以高端市场为主导。随后，通过不断地调整，美的逐步建立了微波炉市场中高端产品的定位。

美的在向格兰仕发起进攻战时，先通过消耗战抢夺市场，之后收缩战线，将自己的优势资源聚焦到了高端微波炉市场，效果显著。

3. 侧翼战：避开强势品牌所把守的地方

《商战》一书中指出，打侧翼战需要注意以下三个原则，如图1-6所示。

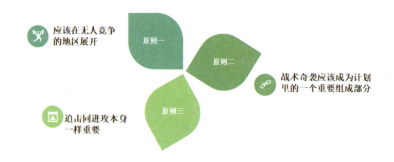

图 1-6 侧翼战的三个原则

原则一，应该在无人竞争的地区展开。这实质上就是开创一个新品类或者占据老品类的一个重要特性。企业在占据老品类的一个重要特性时，不能占据太靠前的，太靠前的特性是属于领先者的，那是领先者的腹地。打侧翼战要远离领先者的腹地，在边缘地带展开，以避免引起领先者的激烈反击。

比如，唯品会选择从"品牌特卖"入手，主打"名牌折扣＋限时抢购＋正品保险"，成功地从众多电商平台中脱颖而出；"主打拍照"的OPPO手机，以豪华运动和环保打入汽车市场的特斯拉等都是如此。

原则二，战术奇袭应该成为计划里的一个重要组成部分。打侧翼战其实就是打时间差，侧翼不是领先者的主要前进方向，企业从侧翼进攻，领先者的反应速度不会那么迅速。也就是说，从企业发起侧翼进攻到领先者转身迎击，这中间有一段时间，企业要充分利用好这段时间，迅速地发起进攻。否则，就很容易错失良机。

泰诺是美国强生公司旗下的一个知名品牌,在止痛药市场占据着"领导者"地位。为此,百时美(Bristol-Myers)曾经推出了达特利尔(Datril)牌止痛药,宣称只要用泰诺一半的价格,便可达到和其一样的药效。遗憾的是,达特利尔采取的是市场试销的方式,这就为强生公司提供了充分的反应时间,泰诺很快也采取了降价的措施,达特利尔完全丧失了成功的良机。

原则三,追击同进攻本身一样重要。如果企业不乘胜追击、穷追猛打,就会失去攻击所赢得的时间,被攻击者就会转过身来,进入正面作战,侧翼战就变成了阵地战,这时企业的胜算就会降低很多。因此,在侧翼战中,追击是非常重要的。

从理论上来讲,侧翼战并不适合大多数企业。然而,在实际应用中,由于理解和实践定位的企业数量有限,很多中小企业都可以选择侧翼战。

4. 游击战:敌进我退,敌驻我扰,敌疲我打,敌退我追

游击战是为小公司准备的一种战略,处于"山脚"的企业,只需要在山脚下好好经营一块根据地,走完从 0 到 1 的历程。打游击战需要注意一下三个原则,如图 1-7 所示。

图 1-7 游击战的三个原则

原则一，找到一块细分市场，要小到足以守得住。 游击战的目的是尽量缩小战场以赢得兵力优势，直白地说，就是找一个大企业看不上的细分市场深耕，成为小池塘里的大鱼。

> 从战略形式上来讲，劳斯莱斯（Rolls-Royce）就是一个典型的打游击战的案例。劳斯莱斯的定位是豪华汽车品牌，它将目标瞄准了奢侈品市场。这个市场的体量较小，全球也仅仅几十亿美元，行业巨头们都不屑一顾。不过，即便是行业巨头，想要进入这个小市场，也是一件十分困难的事情。

原则二，不管多么成功，也不要使自己的行为像一个领先者。 打游击战最关键的是以快取胜，尽可能地把所有的资源都投入到前线，一旦在速度上落后，就很有可能成为大鱼口中的食物。

原则三，一旦有失败迹象，随时准备撤退。 如果企业发现自己无法在战争中取胜，就要"三十六计，走为上计"，保存实力，养精蓄锐，在适当的时候再次发起战争，千万不要在明知失败的情况下还坚持战争，以免自取灭亡。

5. 抢先战：先声夺人，抢占主导权

抢先战适用于有品类无品牌的情况，抢先战的原则如图 1-8 所示。

图 1-8 抢先战的三个原则

原则一，找到无品牌的品类，快速在局部市场做大，积聚资源抢占消费者心智。有品类没有品牌，就代表着在这个品类中还没有强大的竞争者，代表着每个品牌都有机会成为行业的"第一"。这个时候，如果可以抢先进入消费者心智，那么在消费者头脑中，就很容易将你的品牌与这个品类画上等号。

原则二，抢先打出领导者旗帜，取得品类主导权。这就好比古代的农民起义，在一群流民群龙无首的时候，有人站出来登高一呼，这个人就很有可能会成为"领袖"。

商场上也一样，在资源有所保障的前提下，企业想要取得一个群龙无首的品类的主导权，关键就是要敢于站出来登高一呼。

原则三，代言品类，开拓市场。在商战中，为了稳定领先者的领导地位，领先者也要代表品类去抢夺其他品类的市场。

以上五种战略模型，各有优劣，企业要结合自己的实际情况，选择合适的方式，以便更好地在残酷的商业战争中成长、蜕变，谋求生存和发展。

那些年，企业家们误读的定位

有些企业家经常抱怨"我看了很多关于定位理论的书籍，也上了很多关于定位的课程，为什么还是用不好定位？"。实际上，大多数企业家对于定位理论都不陌生，但是真正能将定位理论有效应用到实践中的企业家并不多，主要原因有两个：

第一，很多企业家对于定位理论缺乏一个明确的认知，并没有抓到定位的核心，甚至有的还存在误读误解；第二，没能活学活用。定位本来源于常识，很多时候需要把它回归到常识，才能发挥它的真正价值。

下面是针对企业应用定位理论的实际情况所总结出来的十种常见误区。

第一个误区：脱离心智谈定位

这是目前商界对定位最大的误解。我要定位于某个市场、定位于哪个消费者群、定位于哪个年龄段、定位于什么城市等，这些都是企业对定位的望文生义，并没有理解定位的真正含义。要知道，定位在潜在消费者心智当中，一切脱离心智的定位都是伪定位，如图1-9所示。

图 1-9 一切脱离心智的定位都是伪定位

第二个误区：无视竞争谈定位

定位是用来应对竞争的，没有竞争就无须定位。做好定位，首先就要正视竞争。

> "关键时刻，怎能感冒？治感冒，快！海王银得菲！"这是海王银得菲感冒药投入了上亿元的广告，然而收效甚微，这其实就是海王银得菲无视竞争而导致的后果。早在海王银得菲之前，康泰克"12小时远离感冒困扰"中的"快"就已深入消费者心智，但海王银得菲选择了无视，同样将自己定位为"快"，直接陷入了与竞争对手正面竞争的战略性失误中。

第三个误区：忽视趋势谈定位

在杰克·特劳特和品牌命名专家史蒂夫·里夫金编著的《新定位》一书中，总结了消费者的五大心智模式：消费者只能接收有限的信息；消费者喜欢简单，讨厌复杂；消费者缺乏安全感；消费者对品牌的印象不会轻易改变；消费者的心智容易失去焦点，如图1-10所示。

图 1-10 《新定位》中的五大心智模式

在五大心智模式中，前三种会在当下的环境中得到更突出的体现：

第一种，消费者只能接收有限的信息。消费者的心智容量是有限的，随着当今社会信息越来越多，消费者的心智容量相对来说就会越来越小，这是一种趋势。

第二种，消费者喜欢简单，讨厌复杂。消费者的心智其实是厌恶复杂的，信息过多时，消费者的心智就会越来越趋向简单。所以，企业最好不要在产品中加入过多的功能。

第三种，消费者缺乏安全感。比如，随着生活水平的提高，消费者对食品安全问题就会越来越重视。

当定位符合趋势，企业就会得到趋势的助力，可以飞得更高，成为"风口上的猪"；反之亦然，企业无视趋势，逆势而行，这个定位很有可能就无效，即便暂时有效，效力也会越来越小。

第四个误区：找到定位等于拥有定位

找到定位，不一定就拥有定位。定位是消费者心智中的一个位置，找到定位只是找到了那个位置，只有成功将品牌推入消费者心智去占据那个位置，才能称为拥有定位。如果一个企业找到了一个好定位，却不愿投入资金推广，那就只是停留在"找到定位"的层面上，还是不能"拥有定位"。

> 当初西贝莜面村耗费了几百万才找到了"西北菜"这个定位，遗憾的是，西贝莜面村并没有在推广上下功夫，没有把定位的威力最大化、持久化。

"找到定位"和"拥有定位"中间差的就是时间和金钱，而这背后其实是企业家的决心。

第五个误区：乱喊领导者

乱喊领导者的情况主要有三种：第一，已经成了领导者，消费者也已经认可其领导者地位，但领导者依然还在进行大量的广告宣传，宣称自己的领导地位。这样做的直接后果很可能就是失去跟随者，最后孤军奋战；第二，势能不够却高喊领导者口号，缺乏信任状，很难赢得消费者的信任；第三，直接将"领导者"喊出来。这种自己夸自己的方式容易让人产生怀疑，甚至会引起一部分消费者的反感。其实，企业可以选择用更加戏剧化的表达彰显领导者地位。比如，香飘飘奶茶的"一年卖出七亿多杯，杯子连起来可绕地球两圈"就是在用事实传达其领导者地位。用事实去影响心智，让消费者自己形成"你就是领导者"的认知，这才是传播的最高境界。

第六个误区：把定位当作主广告语

定位是一种内部语言，而广告语则是对定位的表达。定位的目的是为了让消费者自己形成企业想要的认知，让消费者认为这是他自己得出的结论，让消费者自己说服自己，而不是直接将定位以口号的形式喊出来。

第七个误区：有了定位就不需要形象和创意

好的形象和精彩的创意，可以起到节约传播成本的作用。因此，即使企业已经有了定位，也依然需要良好形象和创意。

第八个误区：定位就是操控认知

定位最初的含义的确是为了操控认知，但在竞争日益激烈的今天，定位不仅在教企业怎么去说，还要求企业必须说到做到，还要做好。光靠说一句购买理由是很难说服消费者产生持续购买行为的，定位背后还需要一系列的运营配称，企业所要做的正是企业所说的。

第九个误区：定位就是单品制胜

不可否认，在某些行业中我们可以依靠单品制胜。但是，这一战略并不适用于所有行业。比如服装行业，依靠一款服装打造品牌几乎是一件不可能的事情。很多行业都无法只依靠一个单品生存，"聚焦"并不是只聚焦到某个单品，或者说砍掉其他业务只聚焦一个业务。**定位是为品牌定位，是在消费者头脑中建立一个优势认知，聚焦则是聚焦于这个认知。**例如说宝马汽车，它虽然有很多款车，但是，它始终聚焦于"超级驾驶机器"这个认知。

因此，聚焦是聚焦于一个差异化认知，而不是聚焦一个单品。所谓的"爆品"，其实是部分品牌聚焦后成功的结果，而不是成功的原因。

第十个误区：定位就是开创新品类

定位不是开创新品类，而是创建认知优势，"开创新品类"只是创建认知优势的重要方法之一。实际上，中国这个大市场有很多既有品类尚无人占据，这里面所蕴藏的正是创业的机会！

在错误的方向上航行，越努力，离目的地就越远。很多时候，企业在理论落地过程中无法取得理想的成绩，并不是这个理论方法本身有问题，很可能是企业看待问题的视角出现了偏差。也就是说，定位的运用一定要建立在清楚认知定位理论的基础上，避开以上十个常见误区，少走甚至不走弯路。

定位学习的三个误区

总有一些人在怀疑和挑战"定位"，他们或以时局变迁，旧理过时为由发难，或断章取义，从定位经典下手，甚至还有人建立"反定位讨论组"，这其中激烈的口舌大战，可以说是蔚为壮观。

这些人之所以会对"定位"持怀疑态度，很大程度上是因为他们陷入了定位学习的三大误区。

1. 第一大误区：用个人经验和感觉代替定位基本假设的学习，抓不住定位游戏中"变和不变的关系"

正如平面几何有勾股定理一样，任何一门学科都有其基础理论和假设，定位也不例外。"经验派"的营销人往往喜欢依赖自己有限的实践经验，而不去尝试探索定位理论的一些基础理论和客观规律，"我干营销很多年了"成为他们用来说服自己和消费者常用的武器。但事实却是，如果没有经过系统的学习，不重视理论，所谓的经验再多也并不一定是真的懂。就像干了几十年的泥瓦匠也不一定比刚入行几年的建筑师更懂建筑一样。

有些定位怀疑者经常说："定位是舶来品，中国地域广阔，人群复杂，加之政府干预，怎么可能普遍适用？"有些定位挑战者会说："互联网时代来了，大家可以通过百度和用户评价了解任何产品信息，定位是否已经过时？"

事实上，这些怀疑论者或挑战者对心智的属性和特点缺乏真正的了解，他们企图以个人有限的观察或实践经验来解读商业现象，挑战定位。定位主要是以心智为研究对象，要读懂定位，务必要认识心智。那么，何为心智？《定位》一书中所讲的心智主要包括两个方面：一是心智模式，二是既有认知，如图1-11所示。

图 1-11 心智的两个方面

（1）心智模式

《新定位》一书中总结的"五大心智模式"是定位理论的基础假设，这些假设基于认知心理学，是定位中"不变"的东西，具有普适性，不会随国家、种族和人群的改变而改变。

（2）既有认知

既有认知就是人们的既有观念，具体到营销上就是与产品或品类相关联的固有看法。它可能是正面的，也可能是负面的；它或是一种资源，或是一种限制，会基于历史、地域及种族的不同而有所不同。

比如，"上火"的概念源自中医，而"预防上火"这一概念在中国各地消费者中都具有较高的认知度，这正是"怕上火，就喝王老吉"能够成为脍炙人口的广告语的一个重要原因，也是凉茶"防上火"定位能够深入人心的基础。而在西方国家，"上火"这个概念是不存在的，这就是中西认知差异。

另外，既有认知在某种程度上是可以调整和"改变"的。那些定位怀疑者和挑战者的问题往往就在于，不会区分哪些是变化的，哪些是不变的，他们抓不住"变与不变的关系"。总而言之，"心智模式"基本不变，可以说是定位中的恒量，而"既有认知"是具体的、可调整的，是定位中的"变量"。

跳出经验思维是快速学习定位的起点，企业要用学习理工科的心态来掌握定位的基础假设"心智模式"，要抓住不变的东西以应万变。

2. 第二大误区：用机械的、静态的视角看待动态的竞争环境，把定位教条化，本质是对定位的竞争导向理解不够，同时也缺乏辩证思考能力

定位的本质是为了解决产品同质化的问题，要在潜在消费者心智中建立差异化，也就是建立区别于竞争对手的认知优势。而无论优势还是劣势，都是相对概念。因此，定位理论中所调整的"优势"都是相对的，会随着环境的改变而改变。在某些特定情况下，优势甚至也有可能会变成劣势。

诺基亚手机在传统功能机领域的优势地位，反而成为其发展智能手机的障碍。

那么，何时可以进行品牌延伸？如果用动态的、辩证的眼光来看，答案就会一目了然。品牌延伸之所以有利可图，是因为这个名字有先发优势，跟消费者更熟，可以在一定程度上建立信任感，为企业节约成本，但一旦延伸领域出现专家品牌，这个所谓的更熟的信任优势就会被比下去。

定位的第一步就是要以在消费者心智中获取"相对优势"为出发点，审视竞争环境，合理选择参照对象，进而在消费者心智中为产品建立独立身份（比如，

原创者、领导者、专家），使之实现从一般（品类化存在）到特殊（品牌）的飞跃，最终获取优势身份带来的持续红利。

然而，竞争环境的变化，往往会瓦解原来的"优势"地位。这时企业需要重新审视外部环境，为品牌重新定位。如果企业缺乏动态的、辩证的眼光，看不到外部环境的变化对品牌的影响，就会把定位教条化，甚至反过来质疑定位。

可以说，定位理论是营销领域的"相对论"，每一个品牌都活在一个相对的、发展变化的世界里。

3. 第三大误区：区分不了营销游戏中的现象和本质，被营销词语或模型绑架

最初，定位理论是作为一种高效传播手段而被发现的，从某种程度上说，传播可以说是一种表达思想、传达认知的语言游戏。笛卡尔[1]说："语言是思想的外壳。"因此，在这个过程中，语言所扮演的往往是思想和认知的外壳、载体的角色，但它却并不等同于思想或认知，正如钞票可以用来衡量和代表劳动价值，但是却无法被称之为价值一样。

同样的道理，《与众不同：极度竞争时代的生存之道》一书中列举的正宗（第一）、领导者、专家、特性、新一代等概念同样只是对心智中事实的描述，并不等于事实本身。从根本上讲，它们只是对品牌"不同"或"更好"这一"认知优势"（本质）的近似表达。不搞清"概念、词语"的现象本质，就有可能反过来被这些"概念、词语"绑架。杰克·特劳特反对复杂图表和概念的初衷正是担心营销人会被这些东西反过来绑架。

无论是道家的"名可名，非常名"，还是佛家的"第一要义不可说"，或者是杰克·特劳特所主张的"学习定位，然后忘了定位"，初衷都是在告诫人们，千万不要因为形式和现象而忽略了本质。从这个意义上讲，想要学好定位，是需要超脱于语言的。

---

[1]勒内·笛卡尔，法国哲学家、数学家、物理学家。他对现代数学的发展做出了重要的贡献，因为他把几何坐标体系公式化，而被认为是"解析几何之父"。

第二章

消费者关注品牌，而非企业本身

商业竞争的基本单位不是企业，而是品牌。通常情况下，消费者在进行购买决策时，更关注的是产品品牌，而不是品牌背后的企业。也就是说，从消费者端来看，品牌才是竞争的主体，商业竞争的主体是品牌。

你是谁不重要，重要的是消费者认为你是谁

商业竞争是品牌的竞争，也是品牌背后的企业在竞争。然而，在消费者一端，品牌就是竞争的主体。换位思考一下：你在购买一件商品时，是更关心这个商品"是什么品牌"，还是更在乎该商品"是由哪个企业制造的"，显然，绝大多数人都更关心商品是什么品牌。

如果你在大街上随机找人询问："您经常用什么洗发水？"你大多会听到"力士""海飞丝""飘柔""沙宣"等洗发水的品牌名字，而且被你问到的每一个人几乎都可以给你确切的答案。如果你继续问他们："那您知道这个洗发水是哪家公司的吗？"估计很多被问到的人都答不上来。

事实证明，消费者更关心的是商品的品牌而不是生产商品的企业。因此，从消费者端来看，商业的基本单位不是企业，而是品牌。

那么，什么是品牌？如图 2-1 所示。

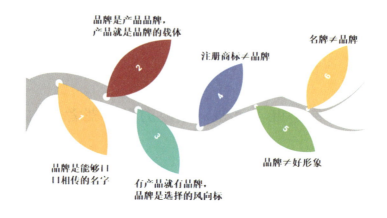

图 2-1　品牌的六个核心特点

1.品牌是一个能够口口相传的名字

一提到品牌，大家很容易就联想到某些有代表性的图形 logo。事实上，品牌并不是图形 logo。品牌首先是名字，是一个能够口口相传、让消费者记得住的名字。品牌给消费者提供的信息越明确，就越能获得消费者的注意力。

另外，品牌所使用的图形 logo，要容易识别，最好能加深消费者对品牌名的印象，让品牌可以超越国界。例如耐克的对勾、红牛的两头牛等。好的品牌名加上好的图形 logo，可以有效提高品牌的传播效率。

2.品牌是产品品牌，产品就是品牌的载体

很多企业并不清楚企业品牌、产品品牌和技术品牌的界限，究其根本，主要原因还是企业对品牌的主体认识不到位。在消费者端，竞争的主体是品牌，这里的品牌指的就是产品品牌，而产品可以指有形的东西，也可以指无形的服务，还可以是企业、国家、地区，甚至是个人。

品牌其实就是指产品品牌，产品就是品牌的载体，品牌不能脱离产品而单独存在。对于大多数企业，它们并不需要打造什么企业品牌，而是要打造产品品牌。

那么，什么时候才有必要打造企业品牌呢？当你面向消费者以外的群体时，

比如，当你需要吸引投资者、取得政府支持或者要招聘人才的时候，企业品牌就显得重要。然而，对于消费者来说，他们往往更关心的是产品本身，而不是产品背后的企业。这就是为什么在资本市场上很多品牌一再易主，但消费者却没有改变自身消费行为的根本原因。这也是为什么当年吉列卖给了宝洁，它的产品销量却依然名列前茅的主要原因。

吉列（Gillette）是国际知名剃须护理品牌，创立于1901年，公司总部位于美国。1917年，吉列刀片创造出1.2亿片销量的市场，海外分公司多达44家，在美国国内的市场占有率高达80%，成为刮胡刀领域当之无愧的领导者。2005年，吉列公司被宝洁以570亿美元并购，其旗下的吉列、欧乐B、博朗、金霸王、锋速五大品牌全部被宝洁收入囊中。值得一提的是，被宝洁收购的吉列依然在高端剃须刀领域独占鳌头，此次并购行为不仅让宝洁成功进入了男士护理领域，还为宝洁创造了每年数十亿美元的收入。

事实证明，消费者关注一个品牌，通常更多是在关心这个品牌的某个产品，而不是该品牌属于哪个企业，该企业的商业模式是什么，有哪些资源等。因此，站在消费者端来看，品牌的主体是产品品牌。

3. 品牌是选择的风向标

实际上，产品选择是一项非常烦琐的工作，而品牌却能够帮助消费者简化购买流程，节约选择时间，减少试错成本。

比如，你需要买一台冰箱，就冰箱的外形、功能、性价比以及售后服务等多个方面都要去比较研究，然后从众多产品中选择一台相对满意的，这通常需要大量的时间成本。但是，如果你了解各个冰箱品牌，那么在选择时就无须在众多冰箱中盲目分析对比，进而可以有效地减少相应的分析工作。

同时，品牌一贯的质量稳定性还可以有效降低消费者的购买风险，这也是为什么很多消费者愿意支付品牌溢价的原因。消费者需要品牌，这是他们的基本需求，也是企业需要给到消费者的安全感。

4. 注册商标 ≠ 品牌

在商标局注册的品牌不等于消费者心智中的品牌。事实上，品牌打造的第一步是找到定位，然后围绕找到的定位为品牌起名，最后提交注册。而且，注册商标只是让品牌在法律意义上确权，并没有在消费者心中确权。因此，注册商标并不是品牌。换句话说，商标可以看作是品牌的一部分，它代表着品牌的标志和名称，便于消费者识别。

值得注意的是，在商场中，商标纠纷案件屡见不鲜：

> 比如，广药集团和加多宝之间就"王老吉"的商标之争；美国电动车巨头特斯拉与中国商人占宝生的商标之争；篮球巨星乔丹与乔丹体育之间的商标纠纷；"恒大冰泉"商标纷争，等等。

因此，企业及时注册商标其实也是对品牌的一种法律保护。

5. 品牌 ≠ 好形象

品牌形象是消费者认知中品牌所具有的形象特质，简单来说，就是消费者对品牌的看法。品牌不等于好形象，品牌的形象与定位有关，形象需要与品牌的定位相契合，要能反映定位。品牌形象一经确立，就很有可能成为某种商品的标志，或者是一种产品个性的体现。

> 比如，一提到可口可乐，人们自然而然就会将其当成碳酸饮料的代名词；一提到"万宝路"香烟，人们的眼前就会浮现浑身散发粗犷、豪迈、英雄气概的美国西部牛仔形象，就会想到那是一个男子汉消费的香烟……

当然，品牌形象的塑造是不能凭空想象的，而是要综合考虑产品特性、企业形象、市场竞争等多种因素，尤其要与品牌定位息息相关。

6. 名牌 ≠ 品牌

在市场经济早期，名牌就是品牌。但随着市场竞争日益激烈，产品光有知名度已经不够了，必须要在潜在消费者心智中占据一个定位，产品才能成为品牌，才更有可能在竞争中胜出。

那么，品牌是什么呢？用一句话来概括就是：一切优势认知都是品牌，打造品牌就是建立关于你的优势认知。说得更接地气一点，就是让消费者认为你更好。反之，即使你真的很好，但消费者并不认为你好，那么对消费者而言，你仍然不是品牌。

你是谁不重要，重要的是消费者认为你是谁。

新时代的营销：不只是"种草"，还要学会"种树"

企业是做什么的？管理学之父彼得·德鲁克[1]先生在《管理的实践》一书中给出了明确的答案："企业的唯一目的就是创造顾客。"或许有人会质疑说企业的目的难道不是创造利润吗，怎么会是创造顾客呢？的确，利润是企业维持生存的食粮，没有利润企业很难走得长远。但是，企业的目的并不是利润，就好比我们活着必须要吃饭，但我们活着的目的却不仅是为了吃饭。从某种角度来说，利润不是企业经营的目的，而是结果。企业经营的唯一目的就是创造顾客，只有顾客愿意为企业的产品和服务买单，企业才能把经济资源转变成财富。

下面是两个案例。

案例一：在《乔布斯传》中有这么一句话"人们不知道自己想要什么，直到你把它摆在他们面前。"在苹果手机诞生之前，诺基亚在手机行业占据着绝对领导地位。诺基亚有上百款机型，而且每年都会针对消费者的不同需求推出数十款全新机型，很多人认为诺基亚已经满足了自己对手机的所有需求。直到乔布斯从裤兜里掏出第一代 iPhone 时，人们才惊讶

---

[1]彼得·德鲁克（Peter F. Drucker），现代管理学之父，其著作影响了数代追求创新以及最佳管理实践的学者和企业家们，各类商业管理课程也都深受彼得·德鲁克思想的影响。

地发现，原来自己对手机还有更多的需求。

案例二：福特汽车公司（Ford Motor Company）是世界上最大的汽车生产商之一，由亨利·福特（Henry Ford）创立于1903年。亨利·福特是世界上第一位使用流水线大量生产汽车的人，正是因为他，汽车才得以更加迅速地替代马车成为大众交通工具。亨利·福特曾经说过"如果我问消费者想要什么，他们可能会说自己想要一匹快马。"其实，很多时候消费者并不知道自己真正需要的是什么。

由此可见，企业绝不能一味地迎合消费者需求，而是要想方设法地创造顾客需求，创造顾客。一切创造顾客行为的总和就是营销，营销思维需要针对环境的变化不断进行调整。

商场如战场，竞争是推动营销变革的重要因素。在竞争还不是十分激烈的时代，营销的核心思维就是产品思维，有了好的产品，再辅以适当的推销战术对产品进行"种草"，比如做活动、打广告、做促销，做陈列……产品就会有市场。然而，随着市场竞争的不断加剧，营销思维也在不断变革和创新，这个时候，"四处种草"的营销模式已成为过去式，营销的核心已经变成了"打造品牌"。只有种出品牌之树，才能有效地提升企业面对外部竞争的能力。

那么，企业为什么要打造品牌呢？主要原因有以下两点。

1. 提升被消费者选择的概率

企业在生存和发展的过程中，随时都面临着市场环境给予的挑战。面对供给的扩大、竞争的加剧，为了提升被消费者选择的概率，企业必须要打造品牌，通过品牌定位及其价值去影响目标用户，否则企业的生存将是个大问题。

有什么方法可以提升企业产品被消费者选择的概率呢？下面介绍三种简单的方法，如图 2-2 所示。

图 2-2　提升被消费者选择概率的三种方法

（1）价格更低

追求物美价廉，是人类的天性。同样的功能、同样的质量，如果你的价格更低，那无疑会提高你被选择的概率。用更少的钱买同样的东西，没有人会不喜欢。

（2）包装更精美

爱美之心人皆有之，人类是典型的视觉动物，精美的包装往往更容易吸引消费者的注意。包装是产品的信息载体，大多数时候，产品的包装都肩负着无声推销员的重要使命。

营销界有一个非常著名的"7 秒定律"——消费者在 7 秒内就能够做出购买决策。品牌要想在这短短的 7 秒钟内为潜在消费者留下深刻的印象，就有必要在产品包装上好好下一番功夫。与其他广告方式不同，产品包装作为与消费者直接见面的视觉形象，更容易吸引消费者的注意力。

（3）占据更大的货架排面

占据更大的货架排面是提升产品被选择概率的直接方法。举个例子，如果你进入一家超市购买矿泉水，发现货架区域的 50% 都是同一个品牌，那么在你本身没有特别青睐某个品牌的前提下，你选择这个品牌的概率是不是要远远大于其他品牌呢？

2. 唯有成为了强势品牌，才能够获得更多消费者长期的选择

需要强调的是，从短期来看，第一点中所提到的三种方法确实可以有效提升被消费者选择的概率。但若是着眼于长远，从长期来看，这些方法却是不可取的，因为你和你的竞争对手是"零和博弈"（博弈论的一个概念，属非合作博弈。它是指参与博弈的各方，在严格竞争下，一方的收益必然意味着另一方的损失，博弈各方的收益和损失相加总和永远为"零"）。换句话说，就是你能做的，你的竞争对手都能做，这样的结果就是两败俱伤，大家都无法获得好的利润。

2020 年，舒蕾品牌商标成功被舒美个人护理用品（深圳）有限公司回购。这就意味着，在被拜尔斯道夫收购 12 年后，舒蕾又重新回归中国本土品牌。1996 年，舒蕾品牌在武汉丝宝集团诞生。当时，宝洁虽然在中国的核心城市市场上拥有较高的品牌忠诚度，但其在二、三级市场的渠道还非常脆弱，而且价格也是宝洁进入中国市场的一个比较大的阻碍。舒蕾非常敏锐地观察到对手的软肋，以迅雷不及掩耳之势出击，成功超越了宝洁的大多数品牌，成为仅次于飘柔的第二大洗发水品牌。

在营销战略上，当时的舒蕾推出了"终端拦截"、"终端整体包装"等一系列针对货架的策略，通过派更多的促销人员直接拦截消费者，占据货架流量入口等方式抢占消费者。不可否认，最终这些方式取得了巨大的成功。在巅峰时期，舒蕾洗发水年销售额超过了 20 亿。

但好景不长，很快，由于市场环境的变化，终端市场的竞争日益激烈，舒蕾的营销成本投入越来越高，但是收益却无法相应增长。而他们的主要竞争对手——宝洁旗下的飘柔、潘婷、海飞丝，却通过大量的电视广告等方式成功占据了另一个更高级的"流量入口"——消费者心智，舒蕾由此逐渐走向衰退。

归根结底，舒蕾终端营销失灵的主要原因还是在于舒蕾从未真正理解什么是品牌，它没有构建以占据消费者心智为导向的强势品牌。只有成为强势品牌，才能获得更多消费者更长期的选择，这就是为什么要打造品牌的第二个原因。

在供大于求的市场形势下，各行各业都已经趋于饱和，市场竞争愈加激烈。依赖渠道"四处种草"的营销模式正在逐步失灵，越来越多的人开始意识到，只有打造品牌之树，构建占据消费者心智的强势品牌，才能在市场中走得长远。

打造品牌不是大企业的专利

打造品牌很重要。一方面，打造品牌可以提升被消费者选择的概率；另一方面，只有成为强势品牌，才能获得更多消费者更长期的选择。那么，是否所有企业都需要打造品牌呢？

> 一谈到打造品牌，很多中小企业经营者的第一反应常常是"我的企业现在还在创业发展期，现在最主要的任务就是先将销量搞上去，还没有足够的实力去做品牌，等企业发展到一定规模再说吧。"

在这些经营者的认知中，打造品牌是大企业的特权，对中小企业是一件不切实际的事情。事实上，这是一个非常错误的观点，品牌从来都不是大企业的专利。所有的企业，甚至所有人都可以打造属于自己的品牌，就像微信公众号的宣传语所说"再小的个体也有自己的品牌"。正如那些说"等我有时间了，我就……"的人，永远不会有时间一样，那些说"等我企业做大了再打造品牌"的人，企业也几乎很难做大。依据市场经验，品牌打造从来都是一个循序渐进的过程，市场上很多成功的大品牌，都是从小品牌一点一点成长起来的，不要因为企业小，就可以忽略轻视品牌的力量。

有产品通常就应该有品牌。那么，到底应该如何打造品牌呢？具体可以从以下两个方面入手，如图 2-3 所示。

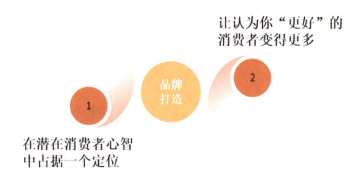

图 2-3 品牌打造的两个重点

1. 在潜在消费者心智中占据一个定位

打造品牌的过程，其实就是一个不断在消费者端建立好的认知的过程。

> 可口可乐公司第二任董事长总经理、"可口可乐之父"罗伯特·伍德鲁夫有一句名言，一直被可口可乐人津津乐道。"假如可口可乐的工厂被一把大火烧掉，全世界第二天各大媒体的头条一定是各银行争先给可口可乐贷款。"伍德鲁夫的底气从何而来？这是因为可口可乐最宝贵的资产从来都不在工厂，更不在美国亚特兰大总部的保险柜里，可口可乐最重要的资产——品牌，存在于亿万消费者的心智中。所以，一把大火对可口可乐的实质性影响很有限。

由此可见，品牌并不存在于物理市场，也不存在于企业内部，更不存在于商标中，它看不见摸不着，它只存在于消费者的心智之中。一个品牌的强弱，通常取决于心智当中有这个品牌的潜在消费者的数量，数量越多，品牌就越强大，反之就越弱。如果潜在消费者心智中没有你，你就不是品牌。

因此，打造品牌的核心就是要在潜在消费者心智中占据一个定位。我们常常把定位挂在嘴边，其实这里的定位就是指品牌定位，因为只有品牌才能在心智中占据一个定位。反过来讲，凡是在心智中占据了一个定位的名字，就是品牌。换一个更形象的说法，如果说品牌是肉体，那么，定位就是灵魂，二者互为依存，不可独活，那些没有占据定位的"品牌"只是一个躯壳——名字。换句话说，**正是因为在消费者心智中占据了一个定位，才让一个个平凡的名字，变成了品牌。**

> 微信、OPPO、QQ、格力、滴滴、淘宝、知乎、星巴克、美团、海底捞、拼多多、小米、抖音、豆瓣……时间往前推 10 年，它们谁是品牌，谁是名字？如果时间往前推 20 年、30 年呢？

大多数品牌，都是由一个普通的名字成长起来的，而"品牌"与"名字"之间的差距就在于定位。一个在消费者心智中占据了定位的名字，就是品牌。判断你是不是品牌的唯一标准就是：有支付能力的消费者会不会优先选择你。

2. 让认为你"更好"的消费者变得更多

正如世界上没有绝对的事实一样，商场上也没有绝对的品牌。品牌只是一种相对存在的认知，它有三重相对性，如图 2-4 所示。

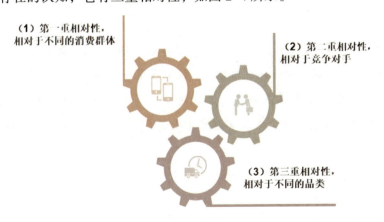

图 2-4 品牌的三重相对性

（1）第一重相对性，相对于不同的消费群体

就像马云对于我们而言是一个品牌，但是对于非洲某个部落可能就是一个普通人。对于不同的消费者群体，品牌的含义是不同的。对于那些没有可能成为你潜在消费者的，你的品牌就是一个名字而已。

（2）第二重相对性，相对于竞争对手

你是不是品牌，取决于你跟谁站在一起。把二线品牌放到三四线城市，可能就是大品牌。

举个具体的例子，单纯从空调这个品类来说，如果将海尔与格力放在一起比较，那么，相对海尔而言，格力可能更具备认知优势，格力就是品牌；但是如果将海尔和其他杂牌相比，海尔就是品牌，具备认知优势，能获得更多消费者的选择。

（3）第三重相对性，相对于不同的品类

这个很容易理解，比如说在汽车这个品类中，奔驰就是品牌，但是如果将奔驰放到白酒、皮鞋等其他品类中，那它就不是品牌。

一位宝马服装的销售人员在刚刚进入这个领域时，信心满满，他认为大家对于"宝马"的认知度那么高，他的服装一定不愁没有市场。但是，他忽略了一个非常严峻的事实：大家对于宝马的认知，仅仅局限在汽车领域，而对于服装行业，宝马实在算不上是品牌，最终不得不选择放弃。

品牌是某个特定品类特性的代表，跳出特定品类，品牌就会变成名字，不再是品牌。

品牌是相对于潜在消费者而存在的，打造品牌就是要把你的品牌及其定位植入到潜在消费者心智中去，哪怕只有一个消费者认为你"更好"，对他而言，你就是品牌。所以，打造品牌就是让那些认为你"更好"的消费者变得更多。

举个简单的例子，如果说你今天能让100个消费者对你产生优势认知，明天又能让200个消费者对你产生优势认知，这样你就存在于300个潜在消费者的心智中，你的业绩就会有略微的提升。在这种情况下，如果你继续投入更多的资金进行传播，吸引更多的消费者对你产生优势认知，那么你的业绩就会得到大幅度提升。

在这个意义上，几乎所有的企业都可以打造品牌，只要你在一个正确的方向上努力，哪怕你每天让极少数消费者认为你是品牌，也非常有意义。而要想品牌长久，让品牌生命力更强，就要努力变成主流品牌，获得主流人群的认知和认可。

除此之外，还需要强调的是，品牌并不是一旦建立就会永存。一方面品牌跟人体、汽车一样，需要维护和保养；另一方面，品牌的背后是品类，如果品类消失了，品牌大概率也会消失。

总之，品牌打造是所有企业都可以而且都应该尝试的事情，品牌的打造就是一个在潜在消费者心智中占据定位，让认为你"更好"的消费者变得更多的过程，而且这是一个持续的过程，必须持之以恒。

浅谈品牌命名的"品牌感"

关于品牌命名，《定位》一书中写道："在定位时代，你能做的唯一重要的营销决策，就是为你的产品起个好名字。"一句话点明了品牌命名的重要性。

中国人讲究"名正言顺"，古人云："名不正则言不顺，言不顺则事不成。"自古以来，取名就是一件非常重要的事，对人、对事都是如此。品牌名称是品牌的标志，属于企业的无形资产，承担着品牌传播的重要作用。一个好的名字，往往可以让消费者在短时间内便完成品类关联，就更容易占领消费者心智，极大地降低品牌的传播成本。

如何给品牌起个好名字？《升级定位》一书中提出了"起名四要"，即给品牌起名时应当遵从的"四大要点"：有品牌反应、有定位反应、易于传播和避免混淆，如图2-5所示。

图 2-5 冯卫东"起名四要"

"起名四要"中的第一条就是要有"品牌反应"。对于"品牌反应"，我们也可以用另一个词来表达，即"品牌感"。

什么是品牌感？通俗地讲，听起来、看起来像是个品牌名，就算是有品牌感，而且被越多人认为是品牌名，就越有品牌感。与之相仿的就是"人名感"，虽然很多父母在给孩子起名字的时候可能并不知道"人名感"一词，但也会尽量避免起个"人名感"很弱的名字，诸如"黄军""马尚""鲍芷""何碧"等名字，我们在日常生活中很少遇到。为了增强"人名感"，很多父母会将"黄军"改为"黄俊"或者"黄德军"。道在伦常日用中，只是大家日用而不知。

让人感到意外的是，很多企业经营者口口声声地说"品牌就是我的孩子"，他们会给自己的孩子取个"人名感"很强的名字，却在给品牌取名时经常忽略"品牌感"，以至于每次都需要费力解释，甚至不得不在品牌名右上角加上"R"、"TM"，或者用特别设计的字体，才能让大家对品牌名有所感知。之所以会出现这种问题，很大一部分原因在于这些企业经营者缺乏相关的知识指导。

以下是针对品牌命名的"品牌感"的探索与研究的总结，如图 2-6 所示。

图 2-6 品牌命名的品牌感

1. 专用词的品牌感强于通用词

什么是专用词？专用词也叫专属词，通俗地讲，就是只有"他"能用，别人都不能用的词。比如"茅台""格力"就是专用词，别人都不能用，品牌感就很强。越是通用的名词，品牌感就越弱。定位之父艾·里斯先生曾经说过"不要起类似于品类名的名字。"

举个具体的例子，"一坛好酒"就是一个通用词，它的品牌感就很弱，弱到一般人还要问"这是一坛什么牌子的好酒"。

此外，通用词即便被注册了，也存在着被推翻的可能。大多数情况下，通用词属于公共资源，不应该属于某个企业所有，很多商标被判定无效或被提出异议都是这个原因。

> 比如，解百纳就是一种干红葡萄酒，属于通用名，张裕率先注册后就被长城等企业告上法庭，最终所有酒企都可以用解百纳这个词。同样，酸酸乳也是个通用名，不仅蒙牛可以用，伊利等其他乳品企业也可以推出自己的酸酸乳系列牛奶。除此之外，猴菇、优品、食疗等名字都是通用名，在注册商标时都被判定无效。

2. 生造词的品牌感强于低频常用词，更强于高频常用词

生造词，顾名思义，就是本来没有，仿照某些词被临时创造出来的词。生造词在形式上和被仿的词有近似的特点，内容有新意。日常生活中使用频率越高的词，就越接近于通用词，相应的，品牌感就越弱。而生造词和使用频率较低的词，会因其新奇性，打破大脑的"思维定式"，在吸引注意力的同时还有助于记忆，拥有较强的品牌感。

> 比如，"大米"，人们天天都在吃，它的使用频率太高，所以品牌感远不及使用频率相对较低的"小米"；"月亮"也是一个高频使用的词，通用性强而品牌感弱，所以很多品牌选择对其加字进行生造，目的就是稀释其通用性，增强品牌感。比如"蓝月亮""月亮湾"；"淘宝""飘柔""豌豆荚"等名词虽然一看就懂，但由于使用频率较低，所以也具有较强的品牌感。生造词使用频率最低，所以品牌感是最强的，比如"讯飞""圣象""红牛"等。

很多中国父母在为孩子取名时，喜欢翻《新华字典》选择生僻字。但取名时使用的字若是过于生僻，虽然品牌感很强，但是却会因为不易识别，导致难以传播。

> 西贝莜面村花了数千万教大家"莜"的读音，结果不甚理想，而"老饕火锅""龘犇骉"等脑洞大开的品牌名更是让很多人都望而生畏。

所以，在追求"品牌感"的同时，千万不要忘了品牌命名的另一个重要原则"易于传播"，尽可能不要挑选一些复杂、晦涩的名字。

3. 汉字的品牌感强于字母，更强于数字

汉字是中国文化之根，是中华文化流传和发展的载体。对于汉字，中国人通常不仅可以做到听音知字，还可以通过词语了解其中的含义。因此，相较字母和数字，汉字往往可以传达更多的品牌信息，其品牌感最强。

> 比如，提到"飘柔"，美女秀发柔顺飘扬的画面感就会呈现在众人眼前。

对中国人来说，拉丁字母大多只是一个符号，只能传达少量的品牌信息，所以品牌感较弱。即使是在英语已经日渐普及的今天，能从"LG"中读出它是"Lucky Goldstar"或"Life is Good"的缩写的中国人也是极少数。

至于数字，几乎难以传达品牌信息，所以数字的品牌感极弱。除了"360"是第一个做免费安全软件的，传达了360度安全无死角的品牌信息；"5100"传达了5100米高山水源的品牌信息；"7-11"传达了便利店是早上7点到晚上11点营业时间的品牌信息；"502"代表了强力胶水第一品牌，几乎很难看到使用纯数字作为品牌名，这些都与其品牌感较弱有直接关系。

如果仔细观察，我们不难发现，在汽车行业，通常喜欢使用汉字作为品牌名，如"宝马""奔驰"；用字母作为系列名，如"X""H""M"（其目的就是为了避免用两个汉字词组给人造成双品牌的认知，如"华住·汉庭""统一·巧

面馆"）；用数字来表示型号，如"X1""H6""M4"。这样消费者就很容易识别出来哪个是品牌，哪个是型号。

除此之外，在给品牌命名时还应该注意以下三点：

第一，要避开已经有明确的、强大的第一义的名字。首先，避免给人一种"山寨"的感觉。比如，在核桃植物蛋白饮料中已经有"六个核桃"，这个时候如果你再起名为"七个核桃""九个核桃"等类似的名字，就很容易让人觉得你是"假冒伪劣"产品；其次，避免需要做过多解释。比如说你所打造的是一个礼品品牌，起名为红旗，但是一想到红旗牌，大家往往最容易想到的就是汽车品牌，因此你在宣传时就需要反复强调"我们是做礼品的，我们不是卖车的"，无形中给自己增加了很多不必要的麻烦。因此，在为品牌命名时，要尽可能避开已经有明确的、强大的第一义的名字。

第二，好名字要能装得下要赋予的定位。也就是说要保证品牌名与确立的差异化相得益彰，而不是背道而驰。

> 比如一个汽车品牌，如果命名为蜗牛，估计将很难获得消费者的青睐；再比如你是一个制作中国元素工艺礼品的品牌，那么，你起的名字一定是中国风的名字。

第三，一个好的名字还要能做到不用多解释。真正的好名字往往不用多记，也不需要多解释，因为解释都是需要成本的。要让大家一看到名字，就大概猜得到你所从事的行业。因此，为品牌命名时，可以利用消费者心智中的"自以为是"，大家认为用这个名字的品牌应该是这样的，那么你就应该是这样的。一个尽量少解释的名字，可以有效降低品牌的沟通成本，更便于潜在消费者记忆。

商业的真理就是拒绝通用与平庸，强调差异性和显著性。越是独特，越容易被记忆和感知。越是通用，越容易被无视和忽略。所以，要想赢在打造品牌的起跑线上，在命名时就一定要记住一个原则：要有"品牌感"。

第三章

得民心者得天下，得消费者心智者得市场

古语云：得民心者得天下，商业也是如此，得消费者心智者得市场。
消费者的心智决定着消费决策，品牌或产品需要把握消费者心智，在
消费者心智中实现区隔，这是立足市场，持续发展的重要基础。

消费者心智：商业竞争的终极战场

国内某著名经济学家曾说过："《定位》这本书我看过几遍，就是教企业怎么忽悠人的"。这位经济学家之所以会有这种认知，一个很重要的原因是他只看到了定位重视心智认知的一面，却没看到定位重视客观事实的另一面。事实上，商业战场，除了心智战场，还有物理战场。

心智战场是看不见的，主要做的是界定对手、定义品类、品牌取名、占据特性、诉求领先地位等事项，其工作重心是品牌，这个战场上的战争是认知战。物理战场是看得见的，主要做的是产品质量、渠道拓展、活动促销等事项。其工作重心是产品，打的是事实战。

心智战场和物理战场相辅相成、互相促进，又互相牵制，就像生物学上的双螺旋结构一样，心智战场为暗线，物理战场为明线，一明一暗，两条线呈螺旋式上升，如图 3-1 所示。

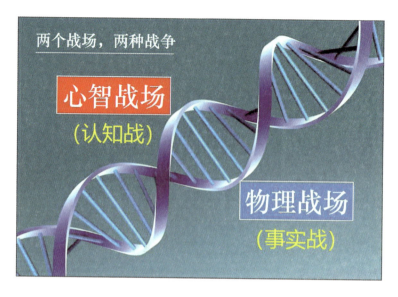

图 3-1　心智战场与物理战场

如果企业能够保持心智战场和物理战场同步上升，就极有可能实现从平凡到优秀，从优秀到卓越。反之，若是其中某一个战场的工作拖后腿了，企业就可能会出现增长瓶颈或出现负增长。

然而，心智缺乏安全感，人们更重视看得见的事物，而那些看不见的极容易被忽视或轻视，这也是绝大多数企业都更重视物理战场工作的主要原因。

改革开放 40 年，大浪淘沙，我国已经有了一大批很擅长在物理战场打事实战的企业。然而，他们中的很多企业现在遇到了发展瓶颈，举步维艰。这常常是因为他们对心智战场的重视不够，没有去做或没做好相关工作，或许他们是物理战场上的高手，但在心智战场上，他们还不及格。

企业经营的理想状态其实是心智战场引领着物理战场，进而达到顺势而为、趋势而去的境界，比如 iPhone 品牌的成功打造就是一个很好的案例。

iPhone 手机在每次正式发售之前，都会在心智战场上做充足的准备。他们先将样机交由知名权威媒体试用，而后人们会在全球范围内看到长达一年的苹果新机谍照、参数和新技术等，与此同时，网红明星也会争相炫耀已经拿到的真机……

通过这一系列操作后，在 iPhone 正式发售之前，就引发了人们的广泛关注，这时候，心智战场积蓄的势能，以一场发布会点燃，而后开放购买，短时间内就被顾客抢购一空。这就是心智战场引领物理战场的典范。

事情到这里还没结束，在开放抢购的过程中，会有媒体不断爆出"史上最难抢 iPhone""iPhone 抢购指南""群众冒着大雪连夜排队抢购""iPhone 产量爬坡"等一系列苹果公司释放的"胜利消息"与"稀缺供应"，这是苹果公司为了进一步积蓄势能，刺激、调动更广泛人群的购买欲望的一种策略。

iPhone 手机之所以能够取得成功，主要原因有两点：第一，苹果公司在心智战场上造势，拉升消费预期刺激购买欲望，让心智战场拉动物理战场，造成热销的事实；第二，物理战场的热销，通过新一轮的传播，制造出更热销更稀缺的认知，反哺心智战场。**心智战场和物理战场互为呼应，相辅相成，使品牌获得更大更强的热销事实。**

下面是一个国内市场的相关案例。

据中研普华研究院推出的《2021—2026 年中国凉茶行业发展前景战略及投资风险预测分析报告》显示，当前我国凉茶行业明显呈现二分天下的市场格局。加多宝和王老吉市场份额遥遥领先，其他凉茶品牌仅占市场份额 5% 左右。

关于加多宝和王老吉，两者的恩怨由来已久。在广药集团通过法律手段拿到王老吉这个品牌名后，加多宝、王老吉就都面临着巨大的市场挑战。广药集团拥有了王老吉这个品牌名，就意味着拥有了凉茶品类中最强的认知优势，占据了"凉茶"的代名词。然而，广药集团的缺陷也很明显，没有工厂，没有渠道，没有人员。也就是说，此时的王老吉在心智战场上虽很强势，但物理战场上却是一片空白。

而丢失品牌名的加多宝，在消费者心智中就是一个全新品牌，过去十几年在心智战场上所取得的成果全部归零，一切又要从头开始，虽然其在物理战场上——渠道、生产、人员、资金等方面具有压倒性的优势，但在心智战场上的认知为零。

在双方各有优劣势的情况下，两个品牌都采取了积极的应对策略。

加多宝积极调整战略，重整心智战场。为了扭转心智战场的劣势，加多宝先声夺人，推出"全国销量领先的红罐凉茶改名加多宝"广告，借助其强大的执行力，短时间内该广告遍布大江南北。之后，加多宝连续冠名4届《中国好声音》，通过热门综艺的传播，在心智战场上打了一场漂亮的闪击战。另外，加多宝还通过关联定位转移了王老吉的部分心智资源，正式站稳了脚跟。

为应对加多宝的强大攻势，王老吉马上启动防御，积极进攻物理战场。一方面迅速布局生产，签约多家代工厂，急招3000名快销人才，广铺渠道，意图在物理战场上缩小与加多宝的差距。另一方面，王老吉在传播过程中不断夯实其作为凉茶始祖的心智资源，期间还借助关键节点，法院判决、红罐、金罐切换时机等，提醒消费者辨别两个品牌，进一步强化自身心智资源优势。据财报数据显示，2019年王老吉大健康公司主营业务收入达到102.96亿元，净利润为13.8亿元。2020年，受新冠肺炎疫情的影响，王老吉大健康公司的主营业务收入有所下滑，但净利润也高达11.95亿元。

扭转心智战场短板也好，弥补物理战场短板，强化心智战场定位也罢，都展现了心智战场与物理战场相辅相成，互为呼应的关系。两手都要抓，两手都要硬，才是成就强者的法门。

心智是商战的终极战场，得民心者得天下，得消费者心智者得市场。定位是教企业在心智战场上攻城略地、打赢认知战的系统知识，是当今中国企业经营者需要补习的一门科学。

心智突围：厘清定位的底层逻辑

在 1972 年，艾·里斯和杰克·特劳特在《广告时代》[1]上发表了系列文章《定位时代的来临》，"定位"一词开始进入人们的视线，定位理论也由此登上了世界营销的舞台，后来被美国营销协会评选为"对美国营销影响最大的观念"。

到今天，定位理论已经诞生半个世纪，依然越发强劲，而且备受企业追崇，历久弥新。这并不是因为定位理论提出的观点有多超前，而是在于它所立足的基点几乎不变，这个基点就是人类的心智模式。心智模式不同于人们的消费心理或观念，后者会随着人们的成长和社会的发展发生相应的变化。心智模式则不一样，它是指人类大脑处理信息的方式，具有稳定性和广谱性，定位正是基于这一理论基点，发展出了一套经典的方法论。

那么，什么是心智模式呢？如图 3-2 所示。

---

[1]《广告时代》（Advertising Age）是美国一个提供新闻，分析和数据营销和媒体信息的杂志。该杂志于 1930 年作为大报在美国芝加哥成立。

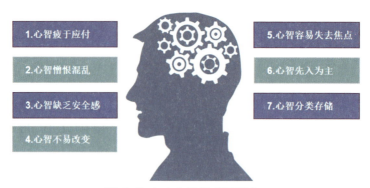

图 3-2 七大心智模式再解读

　　图中的七大心智模式构成了定位理论的基础假设和逻辑基石，遵循并利用这些心智模式，企业可以提升与潜在消费者沟通的效率，提升品牌在市场竞争中胜出概率。下面是对这七大心智模式的详细解读。

1. 心智疲于应付

　　过去，人们通过书本、报纸、杂志、电台、电视等传统媒介获取信息。随着互联网的崛起，人类进入了信息时代，随后智能手机改变了人们的生活，也改变了人们获取信息的方式。然而，当今时代，"传播过度"、产品剧增、信息剧增、媒介剧增，人们的心智饱受着各种信息的冲击。

　　20 年前，人们想买手机，就只能从诺基亚、摩托罗拉、西门子、三星等几个有限的品牌中挑选。而今天，却有 iPhone、三星、华为、OPPO、vivo、小米、荣耀、魅族、联想、努比亚等众多品牌供人们选择。

　　20 年前，人们获取信息的渠道基本上是校园、书本、报纸、电台、电视等。现在，除了这些传统渠道之外，人们还可以通过移动互联网认识世界。公众号、抖音、快手、小红书、今日头条、bilibili 等自媒体平台和众多网站每天都在向人们传递海量的信息。据 2020 年 5 月份微信发布《2019—2020 微信就业影响力报告》数据显示，在 2020 年年初，微信公众号总数已经突破 2000 万。而据中国互联网络信息中心（China Internet Network Information Center，简称CNNIC）发布的数据显示，截至2021年6月，我国网站数量约为422万个。

面对着众多微信群、好友、公众号、朋友圈等各种渠道发来的源源不断的信息……人们的大脑承受了前所未有的负荷，人们的心智已经疲于应付。

如何提高信息传播效率和大众接受信息的有效性，已经成为一个迫切需要解决的社会问题。人们的心智疲于应付，倒逼企业对外传播的信息必须具有鲜明的差异化，同时要削减品牌的信息，使其通过各种媒体不断地重复传播，才有机会冲破信息噪音，抵达消费者的心智。

2. 心智憎恨混乱

海量的信息、大量同质化的产品，很容易造成消费者心智混乱。很多有潜力的新品类之所以不被大众理解和接受，最终被市场抛弃，就是因为它没能清晰地定位自己，无法告诉消费者自己是什么。如图3-3所示，品牌名，包装、外形，广告口号是造成消费者心智混乱三个直接因素。

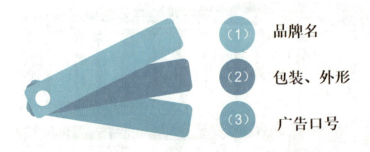

（1）品牌名

（2）包装、外形

（3）广告口号

图3-3 造成消费者心智混乱的三个直接因素

（1）品牌名

品牌取名非常忌雷同、相似，成功的品牌通常是建立在"差异化"的基础之上，商业运营的一个非常重要目的就是要在消费者心智中建立一个与众不同的认知，从而提升品牌的竞争力。如果品牌命名与竞争对手过于雷同，将极大降低消费者对品牌的辨识度。

就好像很多人无法分清周大福、周六福、周生生、周福生、金六福、金大福这些品牌，如果你的品牌名和该领域的领导品牌类似，那可能会很难被别人记住。

（2）包装、外形

除了雷同、不科学的命名，类似的包装、外形也容易导致认知混乱。

便利店的冰箱是雷同包装的重灾区，里面陈列着许多包装、形状类似的饮料，如图3-4所示。当某个人想要购买一瓶饮料时，如果他已经确定要买某个品牌，打开冰箱即可直接寻找，不过，也需要鉴别外包装类似的其他产品。如果是无意识消费，那么他很可能会选择外形、包装比较独特的饮料，即便是不买东西，拿起来看看或者注意到这个饮料的概率都极高。

图3-4 各种包装类似的饮料

由此可见，产品的包装、外形也很重要。差异化的包装、外形是品牌进行心智突围、避免消费者认知混乱的有效手段之一。

（3）广告口号

广告口号是引发认知混乱的另一个因素，例如手机行业，就是重灾区。比如，OPPO 的"这一刻，更清晰"；vivo 的"前后 2000 万，逆光也清晰"；华为 P9 的"瞬间，定格世界的角度"；华为 P10 的"人像摄影大师"；小米 note3 的"拍人美，自拍更美"，等，无一例外，全都在向消费者传达手机拍照清晰的特点，至于各个品牌手机之间的细微差别，一般人是很难区分的。

为什么会有这么多类似的广告呢？其实，这些手机品牌都在研究消费者，然后满足消费者的需求。当消费者对智能手机的拍照需求被挖掘后，各品牌雷同的广告语随之应运而生。

当每家企业都在满足同一个消费者需求时，消费者就很难做出选择。最后，消费者往往会选择一个具有差异化诉求的品牌或者第一个进入心智的品牌。当消费者的心智发现接收的信息和以往的认知产生冲突时，这些消费者通常会习惯性地选择屏蔽这些混乱的信息。

不要试图去挑战或改变消费者的心智，企业要做的是尽可能地简化信息，最好是把广告词聚焦到一个词上。比如，宝马的"驾驶"，沃尔沃的"安全"，瓜子二手车的"直卖"，王老吉的"怕上火"等。

3. 心智缺乏安全感

任何一个新事物出现在消费者面前时，都要接受认知挑战：这是什么？这个东西有什么不同？我为什么要相信你？面对新事物时心智通常非常谨慎，因此，一个新品牌在进入市场之前，就应该明确自己将以什么样的姿态出现在潜在消费者面前，除了要第一时间表明自己身份，还要考虑清楚要用什么办法去消除消费者的疑虑和不安全感。

"羊群效应[1]"是一个关于心智缺乏安全感的例子。**面对种类繁多的新旧产品和品牌，消费者一般不会有足够的知识、经验、时间和精力去辨认真假优劣，绝大多数消费者都是通过观察大众的选择来决定自己的选择，如此就会出现跟风购买现象。**

比如，当你去一个不熟悉的街道吃饭，看到一家餐厅门口有很多人在排队，周围其他饭店就餐的人却很少时，你的第一反应会是"这么多人排队等候，这家餐厅的饭菜一定不错。"如果时间允许，你大概率也会选择排队等候。而在你后面来的人，也会跟你有一样的想法，于是这家店排队等候的队伍就会越来越长。这种基于他人行为来判断某个事物好坏，并决定是否要跟随的行为，就是"羊群效应"。

这就是为什么某些餐饮店要通过"店铺热销""销量前10名"等字样制造出热销氛围的根本原因。

有些品牌打"中国驰名商标""老字号""正宗""经典"等概念，目的也是希望能够消除消费者的顾虑、不安全心理。心智缺乏安全感也解释了为什么人们同情弱者，却更喜欢追随强者的原因。

4. 心智不易改变

定位理论指出，消费者心智很难改变，"在商业竞争中，试图改变消费者心智认知的努力是徒劳无功的。"

格力电器股份有限公司董事长董明珠曾试图告诉消费者，格力制造的手机更好用。2015年，格力就开始在手机市场发力，董明珠甚至曾公

---

[1] 羊群效应理论（The Effect of Sheep Flock），也称羊群行为（Herd Behavior）、从众心理，"羊群效应"是指管理学上一些企业的市场行为的一种常见现象。经济学中经常用"羊群效应"来描述经济个体的从众跟风心理。

开表示："格力做手机，分分钟灭掉小米。"然而，事实却是格力几代手机的反响均不乐观。2020年12月，格力发布了5G手机，在官网上2天只卖出75台手机。事实上，说起格力，人们第一时间想到的是空调。

恒大败走天然水，巨亏40亿。价格从上市时一瓶5块钱降至3元以下，甚至还被当成酒店赠品给消费者免费饮用。事实上，谈到恒大，人们可能首先想到的就是房地产或者足球，而不是水，更不会是其生产的天然水"好喝"。

很多爆火的电视剧在推出续集时，如果更换主演，那续集的成绩则很难理想。这是因为之前的演员所扮演的人物形象已经深入人心，一旦被更换，人们一时半会很难接受，这也是为什么很多观众听到更换演员时直接弃剧的根本原因。

不要轻易去挑战消费者的固有认知，更不要试图去改变它。企业要做的是把消费者既有的认知当成事实来接受，然后去重组和调动这些认知，使之成为品牌战略的重要组成部分。

5. 心智容易失去焦点

心智容易丧失焦点主要体现在延伸品牌对认知的稀释作用上。品牌延伸问题在营销界极具争议性，企业往往习惯于从经济角度看待自家品牌。为了获得成本效益，企业通常很愿意做品牌延伸，会盲目地认为"既然消费者喜欢我这个产品，那么他们也应该喜欢我的另一种产品"，还美其名曰"粉丝经济"。但是很多时候，企业品牌延伸往往是企业试图用一个品牌代表所有东西，最终发现这个品牌代表不了任何东西，因为心智容易失去焦点。

"为发烧而生"的小米本来是一个高度聚焦的互联网直销手机品牌，在手机领域取得一定成绩后，小米决定布局生态链，先后推出的产品种类超过500种，如图3-5所示。这直接导致消费者心智中的小米智能手机认知慢慢被稀释，加上研发资源稀释，小米手机也就很久没有出现让人"尖叫"的品项或功能了。

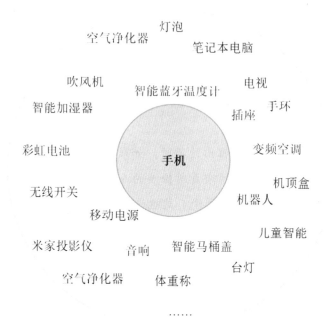

图 3-5 小米生态链

在一个品牌下面放的产品越多，消费者对这个品牌的认知焦点越会逐渐淡化。因此，在定位理论落地实施的过程中，企业要适当地收缩产品线，让品牌拥有明确的代表品项，才更容易占据消费者的心智。

日韩各大企业也正饱受品牌延伸之苦，索尼和三星这些电子消费品巨头几乎涉及了所有电子产品品类。早在 2015 年，索尼就退出了中国智能手机市场；据相关调查显示，2021 年第二季度，三星在中国的市场份额也仅为 0.6%。

这是为什么呢？是因为索尼、三星的技术不好、质量没有保障吗？很显然并不是，最根本的原因其实还是它们在消费者的心智失去了焦点。在国内，一提到智能手机，大多数消费者率先想到的是iPhone、华为、OPPO、vivo、小米等品牌，几乎想不到索尼、三星。

6. 心智先入为主

在潜在消费者的心智中先入为主，即成为第一个，比"让消费者相信你的产品比品类中的首创品牌更好"要容易得多。

"印刻效应[1]"是说动物出生时，第一眼看到的能动的物体，印象会非常深刻，甚至认为这个能动的物体就是它们的母亲。**"印刻效应"不仅存在于低等动物之中，也同样存在于人类，人们对"第一"的印象从来都很深刻。**

> 茅台是第一种高档白酒，中华是第一种高档香烟，红牛是第一种能量饮料，脉动是第一种维生素水，金龙鱼是第一个调和油品牌……很多年过去了，这些品牌今天仍占据各自所在领域第一的位置。

由此可见，第一个进入消费者心智非常重要。抢先进驻心智中某个品类或成为某个细分领域的第一，是占据消费者心智的最好方法。当你没有机会占据一个品类时，你要做的就是在这个品类中的某个细分领域找到成为第一的机会。

7. 心智分类存储

在中药店中，通常都会有一面带格子的墙柜，每个格子里面都分类存储着各种药材。人们的心智就像这面格子墙柜一样，也会对所接触的信息进行分类、存储，同类信息都会存储到同一个格子中。

> 比如共享单车，消费者的心智会自动把它归为"交通工具"这一类别；拼多多会被归类为"网上商城"；瓜子二手车被归类为"二手车买卖网站"。

---

[1] 印刻效应是指某些物种的幼雏会在特定时期，自动对第一次看到或者听到的移动客体产生依恋关系，是一种关键期现象。又名认母行为、印随行为。

　　潜在消费者能够清晰地把新产品进行归类和存储。而那些不够具体、不易理解、模棱两可的信息，因为不能被心智清晰地理解和分类，就很难在心智中存储，最终会被人们抛弃和遗忘。

> 从战略布局上来说，"滴滴打车"App更名"滴滴出行"，符合滴滴的出行大平台场景布局。但从消费者心智层面来看，这其实违背了绝大多数消费者的分类方式，直到今天，依然有很多人称"滴滴"为滴滴打车，而不是滴滴出行。

　　绝大多数情况下，企业都应该顺应心智规律，不要逆行倒施。心智分类存储指出：品牌要清晰地告诉消费者这是什么东西，并且确定这个东西能被消费者心智理解、分类和存储。大多时候，只是清晰地告诉消费者"这是什么"还不够，还要告诉潜在消费者我们的品牌有什么差异化。这个差异化也应该是显而易见、简单明了的，是能够被心智轻易理解和识别的。

　　心智模式是人类大脑通过几百万年的进化，从而形成的一种相对不变的信息接收和处理方式。人类心智模式"恒定不变"，正是定位理论具有广谱适用性的关键。

找到潜伏在消费者心智中的竞争对手

企业在"找定位"过程中，找准竞争对手是至关重要的一步，即要找到与你抢夺消费者的品牌或品类。为什么要找竞争对手呢？原因如图 3-6 所示。

找准竞争对手，就能
解决消费者来源问题

找准竞争对手，就找
到了自己的定位

图 3-6 为什么要找竞争对手

首先，找准竞争对手，就能解决消费者来源问题。消费者从来都不是从天而降的，很多时候，消费者是可以从竞争对手那里转化来的；其次，商战就是认知战。既然是一场战争，那就必须能够识别敌人，识别敌人是与敌人战斗的前提；从某种程度上说，找准竞争对手，就找到了自己的定位。

那么，企业应该如何找到自己的竞争对手呢？图 3-7 给出了一些建议和方法。

图 3-7 如何找到竞争对手

1. 明确竞争对手在哪里

竞争对手在消费者的心智当中，这里的消费者指的是源点消费者。如果说潜在消费者是一个面，那么源点消费者就是一个点，这个点在面中，找准了这个点，就可以点破面。

> 比如，凉茶最早的源点消费者就是川湘菜馆、火锅店里的消费人群，这些人往往最担心上火。王老吉早期的广告，最初的营销工作就是针对这些消费人群的，他们就是王老吉的源点消费者。

需要注意的是，不同的消费群体心智中的竞争对手可能也是不同的。

2. 依靠常识、生活经验辨别对手

很多时候，企业的竞争对手是很明显的，依靠常识、生活经验就可以识别出竞争对手。这在一定程度上可以帮助企业形成对竞争对手的初步想法。有了这个初步想法之后，企业调研的工作重点就是去验证这个想法是否正确，这样，调研样本就可以少一些。

3. 通过调研确定对手

如果企业的竞争对手并不明显，就需要通过详细的调研来挖掘寻找，调研时，需要注意四个关键点：

（1）自然反应才是真实的认知

不要让潜在消费者过多的思考，主要看消费者的自然反应，自然反应才是真实的认知。

（2）不要暴露调研者的身份

一旦暴露身份，人们很有可能会隐藏自己的真实想法。这是因为人们通常会顾虑自己说出真实想法时，你会如何看待他。

（3）针对源点人群进行调研

比如，企业要推出一种治疗糖尿病的药物，那调研工作就不能面向普通人，只能是糖尿病人或者是其家人。

（4）样本足够多

要有足够数量的样本，样本的数量太少，数据可能会出现大的偏差。

调研时需要清楚一个核心问题：如果没有企业，消费者为了满足这个需求，会去选谁？也就是说，能替代企业的或者企业想替代的，很可能就是你的竞争对手。这个竞争对手可能是某个品牌、品类，也可能是潜在消费者的某种观念或者习惯。

企业在调研过程中，如果发现竞争对手不止一个，这时候企业的枪口应该对准谁呢？这由企业的资源决定。所以，在确定竞争对手时，企业需要考虑一个问题：你的资源能够支持到你抢走对方的顾客吗？如果你的答案是否定的，那么，你很可能选错了对手。

企业在找到竞争对手之后，要尝试根据竞争对手的定位确立自己的定位。**当企业面对好几个定位机会的时候，就需要结合自身实力、已有资源和未来趋势，从中选择与自身资源匹配度更高的。**

定位的核心就是要用品牌占据消费者心智，专注于消费者心智远比专注于竞争对手本身更重要。潜伏在消费者心智中的对手才是真正的对手，因此，在寻找竞争对手时，企业应该从消费者入手。

探索"心智流量"的真面目

"流量"一词，并不是信息时代才出现的概念。很久以前，就已经有了水流量、车流量、人流量的说法。某地点单位时间内汇聚的物体越多，则流量越大。在互联网时代，流量更是突破了时间和空间的限制，可以变得无限大。而流量汇聚的表现重点在于人的注意力是否集中，即谁成功吸引了消费者的注意力，谁拥有的流量就大。

稀缺的注意力导致了稀缺的流量。如果没有流量，潜在消费者就不会注意到你，对这个消费者而言，你就等同于不存在。打造品牌也是一样的道理，精心策划、宣传、投放等一系列动作的最终目的就是被潜在消费者看到、关注到，否则，在潜在消费者的眼中，你就是不存在的。流量为王，有流量者即是王，做公关、投广告，其实都是在花钱买流量。有流量你就存在，没流量你就不存在。

人人都想拥有流量，那流量从哪儿来呢？当下的流量重点是消费者的注意力，那如何才能获取消费者的注意力呢？

1. 流量来源于特定需求

流量来源于特定的需求，而需求会唤醒人的注意力。如图 3-8 所示，马斯洛需求层次图将人类需求划分为安全需求、社会需求、尊重需求、自我超越以及最底层的生理需求。

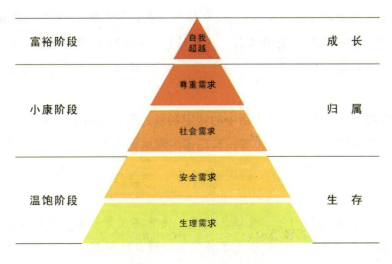

图 3-8 马斯洛需求层次图

马斯洛需求层次图呈金字塔型，生理需求是大部分人必需的。现实生活中，绝大多数人就是在追求低层次的需求，即保障生理需求和安全需求，只有极少部分人才有自我实现的高级需求。

> 当人口渴时，看到水就会想喝；有孩子的妈妈往往会不自觉地关注一些早教品牌；一个有出国深造想法的人，往往会大量查阅相关学校的资料，并寻找相应的中介机构。

可以说，特定的需求，是天然存在的巨大流量来源。

2. 流量来源于特定场景

特定场景是指当我们被某种客观条件限制"人身自由"的时候，即使本身并没有需求，也会被抢夺注意力资源。

（1）线下场景的流量来源

> 比如，人们在乘坐地铁、乘坐电梯、等公交车、机场候机的时候，

常常会不自觉地被地铁上的广告、电梯内的液晶屏广告、公交站的广告牌、机场中的一些宣传信息所吸引，这些信息巧妙地实现了对消费者闲散注意力资源的集中利用。

这些都是一个个在日常生活中的特定场景，很多生活中碎片式的场景都存在获取流量的机会。**此外，线下特定场景的需求如果能通过线上应用解决，也能创造新的流量来源。**

比如，在商场内等位吃饭，打开"美味不用等"App远程订座，可以有效地节省时间，这就解决了特定生活场景的问题，创造了新的流量入口。当人们有用餐需求却没有时间自己做或去餐厅吃饭时，就可以打开饿了么、美团外卖等外卖App进行线上点餐。这些外卖App就有效通过线上的方式解决了人们"不出门也可以吃到餐厅的饭"这个线下特定场景的需求，创造了这个特定生活场景的流量来源。

（2）线上场景的流量来源

除了现实生活场景，还有数字化时代的纯线上场景。

比如线上聊天，人是群居动物，有着强烈的社交需求，因此线上交流的频次很高，微信就成功占据了这个流量入口；人们通常喜欢快速获取有效信息，而搜索引擎提供了快捷巨量的信息来源，百度占据了这个流量入口；还有，淘宝、京东等占据了网上购物这个场景的流量入口，这些都是超级流量入口，如图3-9所示。

图 3-9 中国三大超级流量入口

今日头条凭借"线上新闻阅读"的特定场景崛起，它独特的算法能够更精准地推送消费者所关心的新闻，成功占据了线上新闻阅读流量入口。而在网上音乐这个场景中，则涌现出了网易云音乐、QQ 音乐、酷狗音乐等一批音乐客户端。

网络汇聚了无数散布在线下的流量入口，创造了前所未有的流量收割效率。

特定需求和特定场景共同构成了企业的流量来源，从外显和内隐的角度，可以将其分为两类：

第一类：外显的自然流量

自然流量首先是地段流量，就是你所占据的地段，让消费者不得不注意到你。地段又分为经营地段和媒介地段，经营地段就是你的店开在街边，消费者需要经过门口，比如步行街、购物中心，都是典型的经营地段；媒介地段，就是媒体输出占据的位置，典型的如电梯广告、电视节目、视频网站的广告等。还有人使用搜索引擎搜索信息，出现的第1条、第2条都是广告位，平时刷微信朋友圈、刷抖音看到的信息等，其实都是媒介地段。

地段流量是显而易见，且极易被人们关注的，另一种品类流量则不然。**品类流量是指在品类高速发展期，只要你在品类里就能获取到的流量，也被叫作"品类红利"。**中国人的商业嗅觉非常灵敏，一旦发现有发展机会的商机，常常会一拥而上，而在品类红利期，只要去干，就有流量进来，这也叫"参与者都有份"的流量。当然，能否成功将流量转化留住，就是另外一件事情了。

流量来之不易，现实生活中的自然流量通常是在快速转移，并不是恒定不变的。

> 比如，一个店铺位于某繁华街道好地段上，结果一纸告示，这条街要拆迁，流量自然也就跟着转移了；或者在该街道500米之外，新开了一个大型购物中心，流量也会转移过去。

人们常说的"获客成本"，实质上就是购买自然流量的费用。获客成本越来越高，其实就是自然流量越来越贵。购买自然流量简单粗暴、见效快，百度竞价、淘宝直通车，包括线下购物中心的店租，实质上都是购买自然流量。随着竞争的加剧，自然流量的价格越来越高，人们就越来越难通过购买自然流量获利。同时，自然流量就像物理世界里的"熵增"，处于不断耗散的状态。

第二类：内隐的心智流量

相较于自然流量，心智流量就比较隐秘。所谓的心智流量，就是指消费者购买之前已经想好目标的流量，这是绝大部分企业经营者，甚至绝大部分人都没有关注到的一种流量。

> 比如，想吃火锅时，很多人会立刻想到海底捞，海底捞就拥有了火锅的心智流量；想喝可乐时，绝大多数人会不自觉地拿走可口可乐，可口可乐拥有可乐的心智流量。

从表面上看，没有占用任何资源的心智流量，却获得了消费者的指名购买。在现实社会中，有不少的强势品牌，都拥有这样的心智流量。准确地说，**真正的品牌，都拥有特定的、稳定的心智流量。**

心智流量并不是绝对不变，但相对于自然流量的快速转移来说，要稳定的多。

> 比如，优衣库原本在线下就拥有一大批忠实粉丝，销量十分可观，其线上天猫店开设不久，就成功问鼎双十一服饰类销量冠军。这是因为优衣库拥有稳定的心智流量，就算没有人在线下消费，流量全部转移到线上，大家还是一样会选择它。

有些企业家在竞争的关键时刻，敢于投入大量的资源，这是因为他们非常清楚一旦把心智流量买到了，之后的获客成本就会逐步降低。**因为心智难以改变，一旦你的品牌在消费者心智当中占据了优势位置，那么在相当长的一段时间内，消费者都会习惯性地选择你，你要做的就是保持一定的曝光量，维护自己在他们心智中的地位。**企业的经营，自然要追求稳定的流量，这样才不用紧跟一个又一个瞬息万变的潮流，也不用将大量的资金投放到购买平台流量上。

当然，心智流量并不是绝对的稳定，如果一个品类消失了，心智流量也会随之消失。品类内部的流量也会因为"马太效应[1]"从弱势品牌逐步转移到强势品牌。因此，弱势品牌如果没有任何动作的话，只会变得更弱。

定位理论从根本上解决了赢得竞争、打造品牌、创造顾客的问题，也解决了品牌如何科学地获取心智流量的问题。从定位理论的角度去解读流量，更能够看清心智流量的真面目。

---

[1]马太效应，一种强者愈强、弱者愈弱的现象，广泛应用于社会心理学、教育、金融以及科学领域。

品类——心智流量的入口

心智的流量入口是什么？从表面上看，好像是消费者的需求，但在日常生活中，人们通常喜欢用"品类"来表达自己的需求。

> 举个简单的例子，比如人们口渴时，想喝水就是一种需求，但通常人们不会直接说"我要喝水"，而是"来一瓶水"，这就是人们用瓶装水这个品类来表达自己想要喝水的需求。

基于这个角度，品类就可以被看作是消费者心智流量的重要入口。在通过品类占据心智流量入口时，需要注意以下三个要点，如图3-10所示。

图 3-10 通过品类占据心智流量入口的三个要点

1. 占据真品类

品类有真伪之分，符合消费者购买时思考方式的品类才是真品类，否则就是伪品类。

> 比如，家用电器领域，消费者购买的产品通常是洗衣机、冰箱、空调等，这些具体的品类就是真品类。海尔曾经被称为"全球白电[1]第一品牌"，这里的"白电"是专业术语，大多消费者并不理解这个词的含义，更不会有采购"白电"这样的思考方式，因此"白电"就是伪品类。

关于消费者的购物需求，企业可以延伸出线上购物和线下购物，但是，无论是线上购物，还是线下购物，都算不上是真品类。当消费者有购物需求时，脑海中所浮现的具体的购物中心、步行街、网络商城等，这些才是真品类。餐饮需求对应很多品类，如快餐、自助餐、牛排、火锅、湘菜……每个品类背后都蕴藏着消费者的某个特定需求，你的品牌只有占据一个真品类，才算占据了一个流量入口。

2. 流量入口名（品类名）很重要

地段位置不好，则难以收拢自然流量。同样，如果品类名不好，就难以收拢心智流量。**品类名要求通俗易懂，取个简单无歧义的品类名非常重要。**企业在开创新品类时，如果取一个消费者看不懂或者有反面意思的品类名，心智流量就很难进来。有些企业为了标新立异，追求与众不同，总喜欢用一些看起来很奇怪、消费者一时难以理解的品类名，这样反而不利于产品的推广。因此，企业在品类名称上做文章需要慎重，在品牌命名上则需要多下功夫。

---

[1]白色家电是对家电的一种分类的具体类别名称。白色家电指可以替代人们家务劳动的电器产品，主要包括洗衣机、部分厨房电器和改善生活环境提高物质生活水平的电器（如空调、电冰箱等）。

3. 品类强弱决定流量大小

哪些品类更容易成为心智流量的入口？下面总结了三种，如图3-11所示。

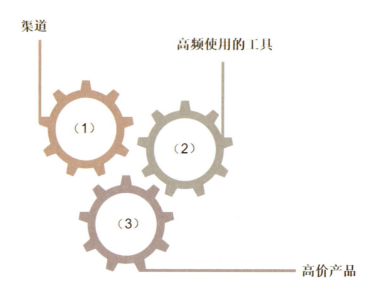

图 3-11 品类强弱决定流量大小

（1）渠道

渠道更容易成为流量入口，因为渠道汇集了众多品类。既然每个品类都是一个流量入口，那么渠道就是所有流量入口的叠加，汇聚了更多的注意力，大家通常更容易关注到它。这也是渠道型企业容易做大的一个重要原因。从本质上来讲，万达、阿里、腾讯都属于渠道型企业，而沃尔玛、天猫、微信则只能算是渠道品牌。

（2）高频使用的工具

高频使用的工具更容易成为流量入口，比如手机是一个高频使用的工具，它就是一个巨大的流量入口。这就是为什么尽管当前智能手机行业已成红海，但仍然有众多企业前仆后继的原因。

很多互联网创业企业从一开始就想做"平台"，这是一种非常危险的想法。

腾讯公司主要创办人之一马化腾在推出腾讯QQ之初，其实并没有考虑如何将其做成一个大平台，怎样打造企业生态？他思考的只是如何优化QQ，怎样让QQ变得越来越受人们的欢迎。

因此，在企业创立之初，应该重点思考如何成为一个工具，一个高频使用工具，尽可能吸引更多的人使用，使用的人多了，就有可能自然发展成为"平台"。

（3）高价产品

高价产品更容易成为流量入口。一般情况下，消费者付出的金钱与注意力成正比，人们在一件事、产品投入的成本越多，其付出的注意力往往就会越多。

比如，消费者购买一套房屋所花费的心思，远远要大于买一瓶水。女性朋友在购买护肤套装时所花费的心思，也要远大于购买一支唇膏。

很多时候，高价产品甚至可以带动低价产品的销售。比如，消费者在一家品牌店花费上千元买了一件羽绒服后，通常就不会太在意再多花几十块钱来买条围巾或者帽子来搭配这件羽绒服。消费者在购买产品时，首先考虑的是口袋里的钱，会优先决定购买价格最高的产品。基于这一点，许多商家会抬高相对强势的品类价格，使之成为流量入口。

渠道、高频工具、高价产品，这些更容易吸引消费者注意力的品类通常就是强势品类。**如果一个品类很难引发消费者的关注，那么，其大概率是一个弱势品类。**弱势品类解决流量问题，可以借强势品类的流量。

比如，老板吸油烟机的门店里，不止销售吸油烟机，还有燃气灶、消毒柜、洗碗机、烤箱等众多产品，其成功地将油烟机品类打造为流量入口，用它来为其他品类引流。

在吸油烟机诞生以前，灶是消费者非常关注的一个厨房电器品类。因为厨房的核心功能是烹饪，烹饪首先要靠火，因此燃气灶品类极易获得消费者的高关注度，更有潜力成为厨房电器中的强势品类。那么，为什么吸油烟机能取代燃气灶成为新的流量入口呢？

> 华帝曾经是燃气灶品牌的霸主，其凭借在灶具上的优势成为中国厨电企业最早上市的公司。遗憾的是，华帝并没有认识到燃气灶品类的入口级价值，此后并未持续发力，没有努力升级产品、提高售价，而是盲目拓展品类，将资源分散，这就给竞争对手留下了可乘之机。
>
> 之后，方太和老板两大品牌陆续在吸油烟机品类上发力，在产品上不断创新，让越来越多的人开始关注到吸油烟机，久而久之，消费者的注意力就逐步转移到了吸油烟机品类中来。很多消费者在计划购买厨房电器的时候，开始首先考虑吸油烟机。而在消费者去老板或者方太的门店选择产品的过程中，销售人员通常会巧妙地将流量转换到灶具上，使得华帝在灶具领域的流量逐渐被瓦解。

当吸油烟机品类成为厨房电器的流量入口，吸油烟机领导品牌自然就成了流量的供给者与分配者，它可以把流量分配给燃气灶、消毒柜、洗碗机、烤箱等。这里要注意强势品类只能带动没有专家品牌的弱势品类，厨房电器中的微波炉和电冰箱都有专家品牌，吸油烟机品类的流量就难以覆盖。

总之，抢占心智流量，应该从品类入手。品类本身就是一个或大或小的流量库，品类的强弱决定了流量的大小，不同的品类流量差异巨大，企业要根据自身情况选择合适的品类。

找准定位需求和价值，锁定心智流量

如图3-12所示，我们建立了一个可以展示完整流量转化过程的流量漏斗模型。

流量漏斗模型

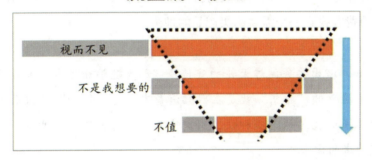

图 3-12 流量漏斗模型

从流量漏斗模型中可以看到，企业要想获得流量，首先要确保潜在顾客"看见你"。品类，主要解决的就是让潜在客户"看见你"的问题。潜在顾客一旦关注到你，你就算成功进入了流量入口。但是，要想将该潜在顾客转化为真正的顾客，还需要通过两道关口：确认切不切合实际需求、切合需求之后确认值不值，即"需求匹配"和"价值匹配"；如果这两关都通过了，流量才算真正转换成功。而帮助品牌进行"需求匹配"和"价值匹配"，正是定位要解决的问题。

具体应该如何匹配呢？《影响力》一书中曾经提到了一个著名心理学实验"插队复印"：

> 哈佛大学社会心理学家兰格曾经在图书馆做了一个小实验，她向排队等候复印的人寻求帮助，希望可以插队先行复印："对不起，我只有 5 页纸要复印，请问我可以先用复印机吗？"这时，约有 60% 的人答应了她的请求，而当其将说词变成"对不起，我有 5 页纸要复印，能不能让我先复印呀？因为我有急事"时，几乎 94% 的人都同意让其排到前面。

兰格只是在请求语中加入了"因为"，同意其插队的人数就提高了 34%，这就是"有理定势"——人们喜欢为自己所做的事找一个理由。所谓需求匹配，就是要为消费者找到一个需要购买产品的理由。

> 比如，演出票务网摩天轮的宣传语"摩天轮演出票务，90% 的票都打折"，这里的"打折"就是在匹配消费者"追求低价"的需求；槟榔品牌口味王的宣传语"提神快，嚼口味王"，这里的"提神快"也是在匹配消费者的需求。

需求匹配成功之后，如果消费者确认确实需要该产品，但是却感觉物非所值，还是很难做出购买决定。因此，在进行"价值匹配"时，企业可以将重点放在产品介绍上。

> 比如，喜家德水饺的"水饺，现包才好吃"，就是在回答"为什么我家的饺子比别人家的贵"，其给出的理由就是"因为我们的水饺是现包的"；多芬沐浴露"含 1/4 润肤乳"，同样是在讲产品所蕴含的价值；还有开利空调"空调发明者"，哈根达斯冰激凌"只用优质鲜奶为原料"等等，这些都是在传达产品的价值，目的就是给消费者营造一种物有所

值的感觉，促使其最终做出购买决定。

定位的最终目的是要让品牌成为品类或特性的第一。一般情况下，只有成为第一，品牌才能锁定心智流量，才拥有做流量的分配者和供给者的资格。这时，消费者的流量才会优先到你这里来，可以根据自身实际需求选择将适当的流量留下，剩下的流量可以分配出去。iPhone、格力、必胜客、海飞丝、淘宝、京东等强势品牌，有一个共同特征就是"某个品类或特性的第一"，它们都在消费者心智中成功占据了一个定位，所以它们才能够锁定心智流量。

地产界有两个怪现象，一个是万达敢在荒郊野外建广场，并且表示"万达广场就是城市中心"；另一个是万科敢于在边角地段开发土地建房，而且房子的销量都比较可观。

这两个怪现象有一个共同的原因，就是这两个品牌都已经成功在消费者心智中占据了一个定位，拥有巨大的心智流量。万达的购物中心开在哪里，消费者就会去哪里购物；万科的房建在哪里，消费者就会去哪里买房。万达、万科在全国各地总能以更低的价格买到土地的一个重要原因就是有心智流量跟着他们；而有了心智流量之后，自然流量也会随之而来。因此很长一段时间里，万达的商铺、万科的房，都不为销路担心。

中国有句古话"梧高凤必至，花香蝶自来"，真正的品牌自带流量，检验你是不是品牌，就要看你能否自带流量。

以攻代守，守卫、扩大"心智流量"

完成了潜在顾客"看见你""需求匹配"和"价值匹配"三步之后，流量基本完成了转化。那么，企业又该如何保卫甚至扩大心智流量呢？流量的保卫与扩大密不可分，"以攻代守"保卫流量，最终的目的是要扩大心智流量，这两者同样要在品类和定位上下功夫，如图3-13所示。

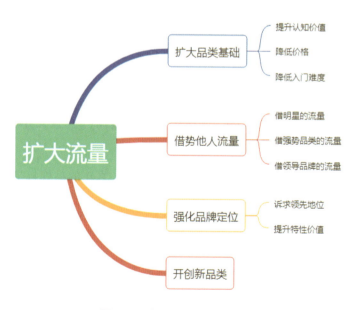

图3-13 扩大心智流量的方法

1. 扩大品类基础

（1）提升认知价值

"钻石恒久远，一颗永流传"，这句经典的广告语将小小的钻石提升到了代表人类美好爱情的高度，有效提升了消费者对钻石品类的认知价值，进而扩大了品类基础。同样，东阿阿胶也是通过把阿胶提升到"滋补国宝"的高度，实现了品类基础的扩大。

一般情况下，"提升品类认知价值"是领导品牌应该做的事情，可以通过这种方法来引领品类发展、壮大。

（2）降低价格

通过降低价格，让有消费需求但却购买能力不足的人也可以买得起，同样可以有效扩大品类基础。

20世纪末，知名彩电品牌长虹就曾经做过这样一个大胆的决定：直接将产品价格降低30%，长虹的市场份额因此迅速扩大，仅仅用了1年多的时间，长虹便成了国产彩电的绝对领导者。可以毫不夸张地说，长虹让2亿中国家庭提前3年以上普及了彩色电视。

奇瑞QQ率先将轿车价位降到3万多，这使得很多收入较低的人也可以实现购买汽车的愿望。在21世纪初，许多年轻人想买的第一辆车就是奇瑞QQ，奇瑞QQ一度成为当时国产车的销量冠军。

360直接把安全软件价格降为零，通过完全免费迅速扩大品类基础，快速成为PC互联网时代的大流量主之一。

（3）降低入门难度

互联网时代，有一些产品虽然免费但是使用过程烦琐，对于这些品类而言，扩大品类基础最简单的方法就是降低入门难度。懒惰是人类的天性，使用起来越简单、方便，就越容易获得更多人的青睐。

当年，QQ邮箱之所以能够打败曾经的邮箱第一品牌网易邮箱，非常重要的一个原因是使用方便：不用像网易邮箱一样去单独注册，只要有QQ号就有了邮箱，而且也不需要记忆2套账号密码。

微博对阵博客，最重要的优势就在于微博的使用更为简单，不再像博客一样需要通过写文章来展示自我，只需要写几行字甚至直接上传一张图片。

在短视频App领域，诞生较早的"美拍"的最初口号是"让短视频更好看"，这让一些拍得不好看的人不太敢将作品上传。而后进者快手的宣传则是"记录世界记录你"，代表着只要记录就可以，把使用难度降低，因此快手在三、四、五线城市非常受欢迎。而抖音则是通过提供创意的方式，将创意和表演分开，从而极大降低了拍摄难度。在抖音，人们只需要表演，不再需要解决创意问题。快手和抖音用不同的方法降低了用户使用短视频App的入门难度，共同推动了短视频App在2018年的爆发，自身也成为该品类的两极。

2. 借势他人流量

（1）借明星的流量

从实质上来讲，所有的明星代言都是在借流量。因为明星有流量，大众的注意力在他们那里，所以请他们代言，注意力就会随之而来。

（2）借强势品类的流量

在这一方面，瓷砖品牌简一就做得非常出色。大理石是高档装修用材，属于强势品类，简一巧妙地借大理石的流量，将品类名直接命名为"大理石瓷砖"，并且进一步诉求"高档装修，不用大理石，就用简一"。除此之外，简一还通过"希尔顿酒店选用简一"，有效借用高端酒店的流量。

（3）借领导品牌的流量

"青花郎，中国两大酱香白酒之一"，这就是一个典型的借领导品牌流量的案例。在酱香白酒品类中，茅台受关注度最高，流量最大，青花郎就是通过关联茅台的方式，巧妙借取流量。采取同样方式的还有巴奴毛肚火锅，一句"服务不是我们的特色，毛肚和菌汤才是"，成功将自己与火锅领导品牌"海底捞"区分出来，并借到了海底捞的流量。

3. 强化品牌定位

（1）诉求领先地位

通过强调自己在品类内的领先地位，吸引更多消费者关注，从而获取越来越多的自然流量。比如"华润雪花，中国首家年销量突破 1000 万吨""3 亿人都在用拼多多"等，使用的都是这种方法。

（2）提升特性价值

如果你的品牌在品类中已经占据了某个特性，要想扩大流量，就必须提升这个特性的认知价值。

比如，在公牛"小插座，大安全"的海报中有一个小女孩，目的就是凸显安全与孩子之间的关系，从而强调提升安全的价值；消费者对于安全的关注度越高，就会有越多的人在购买插座时关注公牛，公牛由此获得了更多流量。

在感冒药行业，三九感冒灵主打"治感冒关键要安全"，而康泰克则强调"治感冒关键是要快"，这个时候两个品牌的竞争，实际上就是两种特性在互相争夺流量，竞争的关键就在于要尽可能提升品牌所占据特性的价值。

4. 开创新品类

当一个已经成熟的品类的流量分配完毕，企业想要取得进一步发展，比较有效的办法就是开创新品类。开创新品类的实质就是顺应流量转移的趋势。因为新的东西本身自带差异化，而差异化是吸引消费者注意力非常有效的一个方法，差异化到极致就有可能会形成新品类。

简一开创了大理石瓷砖新品类，通过"大理石的逼真效果，瓷砖的优越性能"的描述，介绍了什么是大理石瓷砖，顺应和承接流量的转移；小仙炖则顺应燕窝品类升级的趋势，开创了"鲜炖燕窝"细分品类，也顺应了流量转移的趋势。

　　商业万象，波谲云诡，普通大众看到的是流量的此消彼长，变化万千。企业要看到流量背后的品类兴替，特性强弱，看到品类对流量的引流作用和定位对流量的锁定作用。只有这样，才能在纷繁复杂的商业竞争中抱一守中，打造品牌，成就属于自己的超级流量入口！

第四章

挖掘品类流量密码，掌握新消费话语权

品类之争——商业竞争的核心之一。品牌战略的核心是从消费者的认
知出发，通过把握商业发展趋势，从中发现品类分化的机会，抢占心
智资源，主导品类，最终成功打造强势品牌。

品类之争：商业竞争的核心之一

从表面上看，商业的竞争是品牌之间的竞争，但是，如果把商业进程拉长，我们就会发现：商业竞争看起来是品牌之争，实质上是品类之争。品类是竞争的产物，品类之所以存在，一定是因为它具有某种差异化，能给人们带来某种利益，所以才能在人们心智中存活。

实际上，人们所看到的商业竞争，大多都是品牌在代表品类参与竞争。如果一个品牌还没成为某个品类的代表，那这个品牌可能就还没有资格参与品类之间的竞争，也还没有资格推动商业进程。

从这个维度来讲，品类的兴亡史，很大程度上就是市场经济史。如果品类是水，那品牌就像是舟，水能载舟，亦能覆舟；如果品类是沃土，那品牌就像是作物，品类强则品牌强，而强大的品牌反过来又能反哺品类。新品类的兴起通常伴随着新品牌的崛起和老品类的衰落，比如智能手机兴起，iPhone 就逐步取代诺基亚成为手机市场新的领跑者。如此枯荣相继、周而复始，市场经济也因此而生机勃勃、日新月异。

艾·里斯和他的女儿——新一代营销战略大师劳拉·里斯合著了《品牌的起源》一书，受到达尔文"物种起源"学说的启发，里斯先生将"分化[1]"理

---

[1] 分化是指在分裂基础上晚近获得的多细胞生物个体因生存行为分工而在个体体内细胞之间形成的形态与功能的差异。这种差异体现在不同类型的细胞发育成不同的组织器官来完成的不同生物行为机能，而这些机能分工的统一协调共同完成生命个体及群体的生命组织活动。

论引入到营销世界中，揭示出品类是商业世界的物种，是隐藏在品牌背后的关键力量。**品类像物种一样不断分化，产生新品类。打造强势品牌的捷径之一在于开创并主导一个新品类。**

分化的力量促进了新品类的诞生，进而推动了整个商业社会向前发展，而消费升级是品类分化和品牌进化的原动力之一。随着生活水平的提高，人们获得更优质的生活，消费更好的产品，各种新品类随之应运而生。以下是消费升级或演化的四个主要方向，如图 4-1 所示：

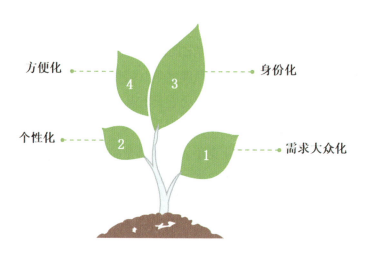

图 4-1 消费升级或演化的四个主要方向

1. 需求大众化

很多产品在诞生之初，成本高昂，普通人通常没有能力使用，比如计算机、汽车等。后来经过技术的演进，制造成本逐步降低，这些产品也开始向大众方向分化。

2. 个性化

在物资匮乏的年代，人们对于食物的需求主要是吃饱，对于衣物的需求主要是穿暖。随着生活水平的提高，人们的选择权得到了充分解放，个性化需求开始凸显，由此也推动了品类的分化。

20世纪70年代，国人的衣服基本上是以黑色、灰色和蓝色为主，到了80年代，衣服的颜色逐渐变得多元化。再后来，根据人们需求的演变，衣服又开始分化出各种不同的品类，比如裤子分化出西裤、牛仔裤、7分裤、休闲裤、健美裤等，这就是服装逐步走向个性化的过程。

3. 身份化

在品类的成长过程中，很多品类慢慢就走向了高端，高端品类不仅可以为人们提供高质量的产品或服务，还可以帮助消费者彰显身份，这正是高端手表、汽车、服装受欢迎的重要原因。不可否认，阶级性、社会性也是人性的一部分。

4. 方便化

技术的进步，使人们的收入越来越高，时间越来越有价值。能够帮助人们有效节约时间、快速满足需求的产品也越来越受市场的欢迎。

比如，能够让人们更方便地享受音乐的Walkman播放器，把打电话、拍照、闹钟、记事本、上网等功能融于一体的iPhone手机。

值得注意的是，很多时候创造和别人"不同"的产品并不等同于创造新品类，新品类要具有认知优势才能有生命力，也就是说你的"不同"要能够为大众带来利益，而这个利益又要是大众所迫切需要的。这个时候，大众才有可能认可你"新品类"的身份。归根结底，建立新品类是结果，建立认知优势才是原因。

通过分化开创新品类建立品牌，是中小企业赶超大企业的重要方法之一。当前，许多行业都已经被大企业垄断心智，小企业要想挤进去异常困难，在这样的情况下，有效的突围方法可能就是另起炉灶，开创新品类。

借势可能是品类分化成功的最关键方法。通过借势旧品类来建立新品类，是建立认知优势的重要方法。在这个过程中，启用新品牌来代表新品类，能实现借势的最大化。

相对而言，与分化相反的"融合"，往往难以成功。一般情况下，融合的过程中会借用多个势，这些势容易相互抵消，就像"脚踩多只船"，反而难以建立认知优势，这是融合常常失败的一个重要原因。当然，融合也不是百分之百会失败，就像智能手机融合许多功能一样，之所以能够取得成功，非常重要的一个原因就是它符合四个消费升级方向中的一个，即方便化，这极大地节约了人们的时间成本。也就是说，智能手机虽然是物理市场上的"融合"，但在心智市场上它是以"分化"的形式体现的，它是传统手机的"分化"。

不能以"分化"的形式体现的品类，很难进入消费者心智。而消费者心智不承认，市场就不接受。

通过分化开创新品类，消费升级的方向就是分化的主要方向。那么，分化的度又该如何把握呢？我们要辩证地看。大树底下不能长小树，只能长蘑菇，同理，成功的分化不能太靠近主流品类，靠得太近，差异化就不明显，就很难取得成功；但也不能离主流品类太远，太远则市场需求不足，同样难以存活。

> 比如牙膏，曾经就有企业分化出"减肥牙膏"，但最终没能被市场接受，因为"减肥"离人们对牙膏的主流需求相隔太远，而且很难让人相信刷牙能减肥。

市场经济在宏观意义上是品类之争，微观意义上是品牌之争，而竞争在推动着品类进化、分化和商业升级。新品类、新品牌不断涌现，是一个商业社会充满活力的重要标志，人类的商业史就是一部不断开创新品类的历史，开创新品类是企业家精神的集中体现。而分化，则是开创新品类的一个重要方法。

渠道品类：商业界的"珍稀"物种

正如自然界的物种有动物、植物、真菌、病毒等分类一样，商业世界的物种也需要分类。《升级定位》一书中首次提出了"品类三界论"，将商业世界的物种分为三大类，即产品品类、渠道品类和导购品类，这是中国人对定位理论的重大升级，对打造品牌的商业实践极具指导价值。

品类三界论的提出是基于对消费购买决策和专业分工双重规律的揭示，产品品类解决了"买什么"，渠道品类解决了"去哪买"，导购品类解决了"怎么选"，详情如图 4-2 所示。

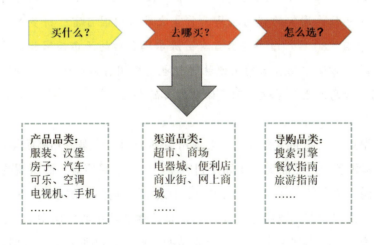

图 4-2 品类三界论

企业经营者对于品类的认知往往局限于产品品类，而对于渠道品类和导购品类却缺乏认知，下面重点对渠道品类、导购品类进行重点阐述。

从经济学专业分工角度来说，渠道品类是企业外部产销分离的结果，是专门从事销售业务的第三方，可以拥有更强的规模经济和范围经济，比如可以满足顾客的一站购齐需求，提供更加高效的售后服务、支付工具等。因此，渠道品类的经营活动，所涉及的费用主要是交易费用，主要通过为顾客降低交易成本来创造价值。

> 比如，京东商城提供的服务，一方面可以帮助消费者有效降低电器价格，另一方面还可以为其提供送货上门服务。除此之外，售后服务也非常到位。

我们不难发现，渠道品牌往往是商业界的"巨鳄"，十分"珍稀"，可以称得上是"首富"的俱乐部。

> 比如，亚马逊 CEO 杰夫·贝索斯在《2021 福布斯全球富豪榜》中排名第 1 位；淘宝的创始人马云曾 4 次成为中国首富；拼多多创始人黄铮是中国"80 后"白手起家首富；沃尔玛背后的沃尔顿家族是美国的首富家族；万达广场背后的王健林曾经也是中国首富；还有 7-11、天天基金网、盒马鲜生……这些都是体型庞大的企业。

根据渠道的商品聚合方式，渠道可以划分为一阶渠道和高阶渠道。一阶渠道直接销售各种产品品类，比如便利店、药店、水果店等；而所谓的高阶渠道，通俗地说，就是有"店中店"的渠道，比如沃尔玛门口的小店，很多沃尔玛超市本身就开在大型购物中心里面，它也是这些购物中心的店中店。这种容纳了其他一阶渠道，实现了多层次聚合商品的渠道就是高阶渠道。大型的购物中心容纳了大量的品牌专卖店，还常常设有餐厅、超市、书店等，可以让消费者在一个地方同时解决多种需求，从而极大地降低了消费者的时间成本和选择成本。

丰富的业态体量让高阶渠道更容易出现商业大鳄。比如，线下的"万达广场"，线上"万能的淘宝"都是典型的高阶渠道。

为了进一步剖析渠道品类的特性，我们需要明确哪些品类是渠道品类。在企业经营中，由于产销分离不彻底，产品品牌和渠道品牌有时容易混淆，给品牌打造造成严重的困扰。

> 比如茶叶、茶叶店和茶馆，哪个是产品品类？哪个是渠道品类？茶叶是明确的产品品类，其回答了"买什么"的问题，茶叶店有多种茶叶供消费者选择，回答了"去哪买"茶叶的问题，是渠道品类。
>
> 但茶馆里也有多种茶叶可供顾客选择，似乎也可以看成是茶叶的销售渠道。然而，实际上，茶馆不仅有茶叶，还提供茶座空间、泡茶等服务，消费者去茶馆消费通常并不是为了买其特定的茶叶，更多的是为了享受茶馆提供的服务。茶馆给茶叶带来了明显的增值，出售的主要是服务型产品，从这个角度来看，茶馆也算得上是产品品类。

是否有明显的生产性增值，是区分渠道品类和产品品类的重要标准。 相同品牌的茶叶产品，在不同的茶叶店购买，消费者并不能感觉到明显差别，价格便宜的那一家往往更占优势，因为渠道本身并没有给产品带来增值。但是去茶馆喝茶，消费者所在意的重点往往不是茶叶本身的价格，因为在这里他们购买的不仅是茶叶，还有茶馆的服务，生意好的茶馆，通常服务都非常出色。

渠道品类提供的是另一种保障性增值服务，比如保证正品、确保低价、种类齐全等，其降低的是消费者购买产品的交易费用，由此可以提炼出渠道品类的三大特性。

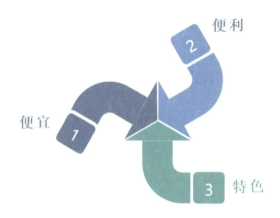

图 4-3 渠道品类三大特性

1. 便宜

便宜主要体现在渠道品类降低了交易成本中的直接购买成本。同样的产品，价格更低，更便宜可以成为渠道品牌的一个强大定位。

> 比如，全球零售界的霸主沃尔玛之所以能够获得市场的认可，一个非常重要的原因就是其"天天低价"的定位；实体零售在电商出现后受到了巨大冲击，主要原因就是同样的产品，在电商渠道购买更便宜。

同样的东西售价更低，还能够实现盈利，这就对渠道品牌的运营能力提出了极高要求。

> 比如，沃尔玛采取了全球采购的方式，全球范围内哪里成本更低就去哪里采购，成就了"3公里死亡圈"的价格杀手之名；淘宝聚合大量的中小企业进行线上销售，竞争的结果就是把价格尽可能地压低；国美和苏宁电器在全国攻城略地，主要靠的也是价格"血战"，承诺同样的东西价格最低。

渠道品类不必忌讳谈价格，"更便宜"正是渠道品类中的赢家赢得竞争的大杀器。

2. 便利

便利主要体现在渠道品类降低了交易成本中的时间成本。比如你口渴了急需 1 瓶水，开在楼下的便利店和几公里外的沃尔玛，你会选哪个？你一般不会为了便宜 1 块钱，就花费时间去几公里外的沃尔玛买瓶水。在这种情况下，便利店则降低了特定情境下的交易成本。

在生活节奏日益加快的今天，消费者的时间成本逐步变高，"便利"在渠道品类三大特性中的地位也随之不断提升。

> "中国便利店之王"美宜佳的发展速度惊人，2017 年，在它成立的第 20 个年头，门店数突破 10000 家，而后又在不到 1 年半的时间里，创造了新开 5000 家门店的奇迹。据中国连锁经营协会发布的数据显示，截至 2020 年 7 月，美宜佳门店数量已经成功突破 20000 家，在全国排名第 2。

3. 特色

特色主要体现在渠道品类降低了交易成本中的选择成本。相对于大而全，特色追求的是一种小而美、窄而深的策略。

> 比如，针对女性的个人护理用品，无论是大卖场还是小便利店，基本上都能找到，但更多人会选择去屈臣氏这样的专卖店买，因为在那里，这类产品有更多的选择。药品和电器也一样，虽然在大卖场中都可以找到这些产品，但是药店、电器城等特色渠道通常提供了更丰富的选择和更优质的服务。

特色是渠道品类分化的主要来源，除了针对某些特定的抽象品类形成的所谓"垂直渠道"，还有特定档次的商品渠道，比如，针对低收入人群的 10 元店、跳蚤市场等只卖低价商品的低端渠道；针对高收入人群只卖精品、知名品牌或进口货的精品百货、精品超市等。

　　总的来说，对"去哪买"的回答所涉及的品类基本上是渠道品类，其关联的品牌就是渠道品牌。一般情况下，渠道品类会通过降低交易成本为消费者创造价值。这里的交易成本包括直接付出的商品价格、时间成本、选择成本等，这就决定了渠道品类具有便宜、便利以及特色三大特性。

修炼内功：打造渠道品牌的六大要点

渠道品牌是商业界的少数物种，但成功的渠道品牌常常都是商业界中的大鳄。随着产业结构的不断升级，渠道品类这种服务型企业比重会越来越大。那么，应该如何打造渠道品牌呢？下面是结合定位理论及一些实践案例总结的六大打造渠道品牌的要点，如图 4-4 所示。

图 4-4 渠道品牌打造六大要点

1. 把握分化趋势

打造渠道品牌的第一个要点就是把握分化的趋势，顺势而为。《品牌的起源》一书中多次强调，如果品类分化，那么新品牌就有了机会。品类的分化是诞生新品牌的沃土，打造新品牌的方法之一就是分化一个老品类，打造产品品牌如此，打造渠道品牌亦然。

人们的基础需求可以支撑渠道的分化，这里有无数打造新品牌的机会。分化的方向大体可以分为衣、食、住、行、乐、教、健、美八个方面，比如服装城、美食城、建材城、汽车城等。

分化的总体趋势是从综合到专业。线下渠道分化机会极多，可以说是无穷无尽，因为每一个货架空间都要承担相应成本，综合渠道不可能货架无限大，总是给专业渠道留下生存空间。有沃尔玛，也有海王星辰、屈臣氏，有国美苏宁，也有顺电。线上渠道分化的机会则少得多，淘宝、京东、拼多多等综合渠道增加货架（更多选择）的成本极低，做专业的垂直电商渠道，如果方法不当，失败概率极大，聚美优品就是一个经典例子。

> 聚美优品是一家化妆品限时特卖商城，由陈欧等人创立于2010年。当时，淘宝、美团等已经在中国电商领域占据了重要地位，但作为全球第三大的美妆消费市场，中国电商在美妆领域却一直没有绝对的领导品牌，陈欧看到了这其中的发展机会，及时地推出了聚美优品，首创了化妆品团购模式。
>
> 之后，聚美优品很快取得了资本的青睐，成功获得融资，并迅速占领市场，成为消费者心中"正品低价"的代表。2014年，聚美优品在美国成功上市。
>
> 然而好景不长，聚美优品爆出"假货"事件，使聚美优品"全平台无假货"的形象受到了顾客的严重质疑，甚至被贴上了"假冒伪劣"的标签，市值大幅下跌。2020年4月，聚美优品正式退市，宣布完成私有化，之后便慢慢在大众眼中消失了。

2. 优先考虑占据优势特性

渠道品类有三大特性：便宜、便利和特色，分化品类打造渠道品牌也应该优先考虑依次占据这三个特性。

> 瓜子二手车的成功就是优先占据了"便宜"的特性，"没有中间商赚差价，卖家多卖钱，买家少花钱。"在二手车广告大战中，瓜子孜孜不

倦地宣传"更便宜"，饱和攻击，声势浩大。而同样主要从事二手车业务的优信则有一个阶段诉求"全国比价、当天成交"，这里的"全国比价"强调的就是便宜，而"当天成交"强调的就是快，就是便利。两个特性都想占据的结果，可能是一个都占据不了。不够聚焦，这可能也是优信虽然起步比瓜子早，但是却被后来者超越的原因之一。

如果把渠道品类的三大特性从强到弱进行排序，顺序应该是这样：便宜 > 便利 > 特色。一般来说，企业要优先考虑占据排行靠前的特性，除非排行靠前的优势特性已经被占据。比如，超市的"更便宜"已经被沃尔玛占据，美宜佳就要优先考虑占据"更便利"的特性。

在特色方面，如果更便宜也归结为特色的一种，那更便宜 > 其他。如果本身就是特色渠道，那同样要优先考虑占据"更便宜"特性，在"便利"上也不能拉后腿。

举个简单的例子，瓜子二手车是一家专门买卖二手车的网站，"网上卖二手车"就是其特色，然后其又占据了这种特色上"更便宜"的特性。

3. 必须拥有一个概念

这里的概念就是指品牌定位。

比如，水果专卖店"百果园"的"好吃就在百果园"；肉菜便利店"钱大妈"的"不卖隔夜肉"；网上特卖商城"唯品会"的"一家专门做特卖的网站"；瓜子二手车的"没有中间商赚差价"；美国有一家专门卖鞋子的网站"Zappos"，它的概念是"往返包邮"，解决人们在网上买鞋大小不合适需要退货这个顾虑，这就是它独有的概念。

这些独有的概念或者说定位，强化了品牌的特色，从而进一步降低了交易成本。

4. 取个好名字

名字对于品牌而言，非常重要，很多品牌的成功离不开好名字的功劳。

> 比如，"淘宝"就是个非常不错的名字，不需要过多的解释，消费者就可以清楚地了解其含义，这个名字从一定程度上反映出了其品牌特性——"可以在上面淘到很多便宜的宝贝"。

品牌反应和定位反应是品牌取名中非常重要的原则，通俗地讲就是要顺应消费者的认知：如果消费者认为是这样的，那你就应该是这样，毕竟你是谁不重要，消费者认为你是谁才重要。

> 成立于1994年的达芬奇家具曾经是国内知名家具品牌之一，很多富人对其趋之若鹜。"达芬奇"的定位反应就是"一个有品位的意大利品牌"，直到后来"达芬奇"虚假宣传、产品标志不规范、产品质量不达标等问题被曝出后，消费者这才恍然大悟。

有些企业家会认为自己的品牌名已经用了很长时间，且投入了大量的宣传成本，再更换品牌名实在有些可惜。其实，打造品牌就像是一场长跑，如果长跑运动员鞋子里有一粒沙子，可能最初的 2 公里还不会有什么感觉，但越跑到后面，运动员就会越难受。不好的品牌名就像是这"鞋中沙"，越往后，企业越难受。

做品牌应该面向未来，而不是眷恋已付出的沉没成本[1]，否则，只会损失更多的机会。企业要考虑的是未来如何才能成为第一，成为市场的领导者。很多时候，好名字在日趋激烈的市场竞争中带来的消费者优先选择和良好传播效应，可以决定竞争的胜负。

---

[1] 沉没成本又称沉落成本、沉入成本、旁置成本，是管理会计中的一个术语，主要用于项目的投资决策，是指以往发生的，但与当前决策无关的费用。

5. 巧用混搭定价

巧用混搭定价属于渠道品牌运营层面的要点。品项丰富的渠道品类应该善用价格工具，低价引流，高价获利。想要每样产品都赚钱就很难打造渠道品牌。

比如，沃尔玛就是一个典型的巧用混搭定价成功的例子，"天天低价"的真相是只有部分产品是低价的，但靠着这部分低价的产品能够吸引来大量的人，带动了其他价格优势并不明显产品的销售，借此获取利润。

事实上，混搭定价、交叉补贴这一战术基本上是渠道品牌公开的秘密，只是如何用和如何用到极致的问题。

6. 控制产品线的边界

控制产品线的边界也属于运营层面的要点，包括控制认知边界、控制范围经济性和控制自有产品占比，如图 4-5 所示。

（1）控制认知边界

（2）控制范围经济性

（3）控制自有产品占比

图 4-5 控制产品线的边界

（1）控制认知边界

控制认知边界就是选品要符合消费者的预期，确保流量的转化。

> 比如，一家粮油店应该有金龙鱼调和油、鲁花花生油、多力葵花籽油等多种知名品牌。如果没有，消费者往往会质疑你的专业性；粮油店有大米、面条、调味品这类产品很正常，但如果它还销售水果，则超出了消费者的认知边界。在大多数人眼中，粮油店所销售的产品保质期比较长，而水果的保质期很短，很多人会因此对粮油店所售水果的品质存有疑问，进而对粮油店的专业性表示质疑。

（2）控制范围经济性

控制范围经济性是指要在"保持特色"和"规模经济"上做好权衡，不能为了特色而特色，只要是这个类别的就全部收纳进渠道，这可能会损害规模经济性。

> 举个例子，对于一家玩具店而言，是不是为了保持特色，玩具种类就越多越好呢？比如上架一些新颖奇特的玩具，但可能一两年都不会有人购买，从规模经济性角度来说，这可能并不是一种理智的做法。为了取得"特色"和"规模"之间的平衡，至少也要进行末位淘汰制，把不能动销的品项及时淘汰掉。
>
> 同为"平价"定位的德国阿尔迪超市和沃尔玛之间的较量也能说明这个问题。相对于沃尔玛"超级购物中心"的15万种卖品，一家典型的阿尔迪超市的卖品通常只有700种左右，基本都是一些少得不能再少的生活必需品。货品的精简一方面大大降低了阿尔迪的采购和物流成本，让阿尔迪能够提供比沃尔玛更优惠的价格，另一方面也降低了消费者的选择成本。阿尔迪超市的规模经济性要强于沃尔玛，这也是其打败沃尔玛，导致沃尔玛最终败走德国的主要原因之一。

（3）控制自有产品占比

控制自有产品占比的根本意义是为了避免与客户竞争。渠道品牌和产品品牌是合作关系，双方互为客户。渠道自有品牌的存在有其合理性，因为弱势产品品类难以打造专家型产品品牌，这时候渠道品牌提供的保障价值可以协助消费者完成购买决策。而对于强势产品品类，消费者往往更依赖专家型产品品牌。**如果渠道自有品牌过度延伸，不仅转化效率不高，还很有可能会让专家型品牌产生强烈的不安全感甚至从渠道主动下架。**

渠道品牌和产品品牌之间唯一需要竞争的是利润。这里涉及双方"谁是创造消费者的主力"问题，即消费者是因为渠道品牌还是产品品牌产生的购买动作？强势的产品品牌为渠道引流，这时候利润通常归给产品品牌更多；这就是知名品牌进驻万达广场只需要交很少租金的一个重要原因。相反，不知名的品牌需要借助万达广场的渠道流量，因而通常需要交纳高额的租金，把所得利润的大头分给万达。

渠道品牌竞争的关键在于如何降低交易成本，注意以上六大要点，就可以更好地实现渠道品牌的创建。

拨乱反正：走出渠道品牌打造的误区

人们常说失败是成功之母，事实上，失败从来都不是成功之母，从失败中吸取的经验教训才是。在商业世界里，有很多打造渠道品牌失败的案例，究其原因，主要有以下四大误区，如图 4-6 所示。

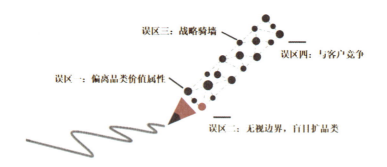

图 4-6 渠道品牌打造的四大误区

误区一：偏离品类价值属性

偏离品类价值属性，主要是指不能用打造产品品牌的方式来打造渠道品牌。

比如，同样是"优质服务"的定位概念，海底捞火锅可以成为餐饮行业龙头，市值破千亿，而河南许昌的胖东来百货却只能屈居一隅，频频收缩战线。究其原因，作为产品品牌，海底捞卖的其实是"餐饮服务"，服务是其产品的一部分，而且消费者愿意为这种服务买单。而作为渠道品牌，胖东来百货主要卖的是同质化的货品，这时，消费者往往不愿意为"服务好"而付出更高的成本。从这个角度来看，胖东来百货其实是违背了渠道品牌的第一特性"更便宜"。

误区二：无视边界，盲目扩品类

渠道品牌要明确自己的边界，盲目的扩品类通常会导致其失去宝贵的"特色"。

如图4-7，纵观国内几大传统电商发展史，淘宝作为先行者，抢先占据了"种类齐全""价格便宜"的特性。作为后来者的京东，初期主要通过"线上电器商城"的定位赢得消费者认可，后期则借助"正品"的定位成功转型为全品类电商渠道。

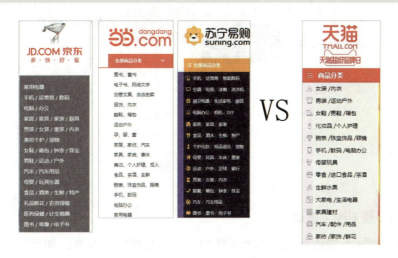

图4-7 四大传统电商

苏宁易购最初有专业卖电器的优势，在家电零售业占据着非常重要的地位。之后，苏宁易购却选择了一再扩张，放弃了原有定位，又没有找到新定位，从而失去焦点，成长缓慢。

当当网最初的特色是"网上书城"，之后同样执迷于疯狂延伸产品线，而忽略了一个事实：消费者不需要更多的淘宝和京东，他们需要的是另一个独特的电商。当当更好的扩张策略应该是在垂直的文化产业深耕，它要做的是kindle、豆瓣、知乎、起点中文网、微信读书、得到、小鹅通干的这些贩卖知识的事情，在文化产业做深做透，不断叠加优势定位。

因此，打造渠道品牌，首先务必要明确边界。任何品牌，任何品类，甚至任何个人都要明白：不要轻易做自己并不擅长的事情，品牌打造尤其如此。

误区三：战略骑墙

这里的战略骑墙[1]主要包括以下两种，如图4-8所示。

线上线下骑墙   跨品类界别骑墙

图4-8 战略骑墙

（1）线上线下骑墙

线上和线下的运营模式和成本结构不同，很难统一起来；如果线上线下并重，两者互相冲突，容易导致非常严重的内耗。

---

[1]战略骑墙，采取中间立场，在对抗党派中保持中间立场，以便显示不偏不倚或两边讨好，比喻立场不明确，游移于两者之间。

比如，为了实现快速扩张，苏宁易购曾经尝试大举收购，收购对象涉及金融、地产、体育、文化、物流等多个领域，意图通过线下给线上引流，结果不但线上成果不明显，反而抹杀了其线下的价值。

（2）跨品类界别骑墙

跨品类界别骑墙更是品牌战略的大忌。跨品类界别骑墙主要表现为两种形式，一种是产品品牌和渠道品牌骑墙。

三只松鼠作为互联网坚果品牌，毋庸置疑，十分成功。随着品牌的发展，三只松鼠开始向全品类零食品牌发生转变，企图引进全品类的零食售卖，而这明显是渠道品牌的打法。问题的关键在于它所有的产品都叫三只松鼠，而在生产方式上却很难做到亲力亲为，代工又难以保障产品的质量，一旦产品质量出现问题，就会给品牌带来伤害。

产品品牌和渠道品牌骑墙极易产生的后果就是由于配称无法做到高效，导致品牌虽然高速增长却难以赢利。

另一种是导购品牌和渠道品牌骑墙。主要表现在企业自己既做裁判员又做运动员。

比如，大众点评是一个非常出色的餐饮导购平台，但是后来开始推出团购业务，做起了渠道品牌的事情，结果导致其失去了导购平台应该具有的中立地位，权威性被削弱。并且由于双线作战导致导购业务投入不足，大众点评由此陷入亏损泥潭，最终选择和美团合并，创始人出局。

误区四：与客户竞争

与客户竞争包括渠道品牌贴牌生产和产品品牌自建渠道等，渠道方和产品方互为客户，但因为想分对方的一杯羹，结果反而使自己陷入困境。

> 东阿阿胶是强势的产品品牌，同仁堂药房贴牌生产阿胶，导致东阿阿胶转投其他渠道的怀抱，同时也带走了大量的流量；同样，张裕葡萄酒自建渠道，华致酒行等强势的渠道品牌可能会出于种种原因拒绝销售该产品，从而极大地降低了该产品品牌的能见度。

当然，渠道品牌贴牌也并非完全不可行。如果品类是弱势品类，缺乏专家品牌，渠道贴牌反而可以解决消费者的信任问题。所以，同仁堂贴牌的很多小品类产品销量就比较可观。

在适者生存的商业丛林中，产品品牌、渠道品牌、导购品牌应各行其道，各安其位，在自己有效率的边界内经营，不断地加强自己在分工中的地位，并运用自己的地位维护一个良性竞争的格局。作为集中处理交易费用的渠道品类，更多的要考虑的是提高价值链整体的效益，考虑消费者和供应商的利益。不断帮助消费者降低交易成本，是打造渠道品牌颠扑不破的真理。

导购品类：应对消费者的"选择困难症"

品类三界中还有一类更为稀少的物种——导购品类，历史悠久却相当弱小。但随着互联网时代产品和服务选择的激增，各类导购品牌正在飞速成长。导购品类主要解决"怎么选"的问题，包括选产品和选渠道，比如搜索引擎、旅游攻略、美食地图、电商比价工具以及"第三方独立带货主播"等。导购品类是渠道品类导购职能的外部分离与独立，其主要职能是降低消费者的信息及选择成本。

很多渠道品牌也会为消费者提供相应的搜索栏、销量榜等方面的导购职能，以此来提高消费者的选择效率，降低交易总成本。但是，企业不能把具备导购职能的渠道品类当作导购品类，二者最大的区别在于：渠道品牌的导购职能通常只服务于平台内部生态，属于一种"相对的中立与公平"。而导购品类则是导购职能的完全外部分离与独立，应当突破渠道的壁垒。一般情况下，导购品类不涉及产品生产、陈列管理、仓储售后等运营活动，只专注于信息处理，全力帮助消费者降低信息费用，提升选择效率。这里的信息处理具体可分为以下三种，如图4-9所示。

图 4-9 信息处理能力

第一，信息搜集能力，即为消费者提供相关信息资讯的全面展示。

第二，信息优化能力，即将庞杂的信息进一步优化、提炼，形成精细化、结构型信息，以便消费者更好的接收与解读。

第三，信息解读能力，即针对现有信息的深度解读与转化，直接为消费者提供具体的优质答案，这也是未来导购品类走向智能化、专业化的发展趋势。

全面运用以上三种能力，帮助消费者做出选择，治愈和缓解消费者的"选择困难症"，就是导购品类主要的生存之道。中立性、全面性和专业性则是导购品类的三大特性，如图 4-10 所示。

图 4-10 导购品类的三大特性

1. 中立性

中立性也称权威性，主要体现为利益中立，公平可信。通俗地讲，就是不能谁给钱或者谁给的钱更多，就推荐谁。导购方不能局限于某几个固定品牌的推荐，应当尽可能针对多个品牌，从不同维度做出解析，进行差异化推荐，以满足不同人群的需求。

需要强调的是，导购方应该属于独立第三方，不隶属于某个产品品牌或渠道品牌，否则就容易被消费者认为是王婆卖瓜，自卖自夸。

2. 全面性

全面性主要体现为所覆盖的品类及信息相对更全面。即消费者不用求助于多个导购，在一个导购的帮助下即可实现某方面的"一站式购齐"。

3. 专业性

专业性主要体现在提供高质量的信息及精准有用的细节上，让消费者能够更轻松、合理地做出判断。

> 比如，知名电商主播李佳琦"口红一哥"的称号就大大提升了其在美妆类别导购里的专业性优势。又如《米其林指南》，聚焦于美食餐厅导购，在全球范围内都获得了良好声誉。

综上所述，中立性是导购品类的生存基础，失去了中立性，导购存在的意义很容易就被削弱。专业性则是导购品类价值的终极体现，为消费者的选择提供了重要的依据。全面性更多的是体现为导购服务的经济性，可以有效节省消费者的时间成本。

除此之外，我们还可以从多个维度对导购品类进行划分，以便充分了解其特点及发展方向。

首先，从导购服务范畴来说，导购品类可以分为综合型导购与垂直导购。如综合型导购代表品牌百度搜索，其追求的是信息全面性，而垂直导购则大多聚焦于某一个领域，相对追求其信息处理的专业性。

其次，从消费者接收信息的方式来说，导购品类可以分为被动型导购与主动型导购。被动型导购即需要消费者主动搜索、提及，现有导购品类多为被动型；主动型导购即根据消费者所处的不同场景、不同需求，主动向消费者推送相关的信息和资讯，相对被动型导购而言更为智能化。随着 AI+ 大数据的广泛应用，相信未来会出现越来越多的主动型导购。

最后，从服务对象的角度而言，导购品类可分为针对产品品牌的导购与针对渠道品牌的导购。在现实商业中，通常产品品牌选择较多，更容易涉及选择困难，而渠道品牌相对稀少，选择难度也比较有限，所以，导购品牌一般会两者兼顾。

比如团购类导购"折800"，既面向各个产品品牌供应商，又为淘宝做定向引流；但是需要注意的是，向某个渠道做定向引流其实是一种不完全中立。

在这个互联网信息爆炸的时代，人们对于导购品类的依赖越来越强，而具备中立性、全面性和专业性三大特性，能够有效应对消费者选择困难症的导购品牌，一定能走得更长更远。

导购品牌的打造是个技术活

随着产品品类及渠道品类的不断扩张，消费者的选择越来越多，选错的可能性越来越大，"选择困难症"也随之越来越严重，因此，人们对于导购的需求日益迫切，这是导购品类存在与发展的原动力。而导购品牌的打造并非一件易事，需要注意以下四个要点，如图4-11所示。

图 4-11 打造导购品牌的四大要点

1. 聚焦

聚焦法则是品牌迈向成功的重要法则，对导购品牌同样适用。不过需要指出的是，基于品类属性与职能的不同，相比产品品类、渠道品类，消费者对导购品类的分类层级通常更高，更抽象。**作为导购品类，除了中立性，还要兼顾好全面性与专业性两大特性的平衡。若过于聚焦，则有可能丧失其范围经济性；若过于宽泛，则可能难以凸显其专业性。**

聚焦实质上包含认知聚焦和运营聚焦。导购品牌一般有两种聚焦方法：第一种，在认知和运营上聚焦于某个抽象品类，如手机（产品）——手机商城（渠道）——数码指南（导购），这里的数码指南作为导购品类，既能保证其相对全面性，较之综合型导购，又能兼顾其专业性。第二种，在认知上聚焦于某个具体品类，目的是凸显其专业性。而在运营上则可以针对强关联产品做适当地延伸，兼顾其全面性。

比较典型的案例有网络主播李佳琦在认知上聚焦于"口红导购"，同时也会为其他美妆类产品带货，提高范围经济性，但应当减少突破"美妆"边界的导购活动。

2. 便宜不一定是导购品类的竞争之道

所谓便宜，就是同品牌、同产品在你这里售价更低，这是打造渠道品牌的首要特性，但却不一定是导购品牌的竞争之道。当然，对于高势能导购品牌，可以凭借自身议价能力，为消费者谋取一个相对实惠的价格，但这并不是导购品牌的核心竞争力所在，只是一种补充优势。"价格战"通常拼的是整个供应链的综合实力，这是淘宝、拼多多等专业渠道品牌的优势所在，导购品类很难撼动。

因此，建议导购品牌在中立性、专业性、全面性三大特性上提升竞争力，尽可能避免误入"价格战"的歧途。

3. 把握导购品类的分化趋势

品类的进化与分化，是推动商业发展的核心动力之一。与产品品类、渠道品类相同，导购品类也处于持续进化与分化中。品类的分化，意味着新品类与新品牌机会，企业成功的最有效方法之一就是发现并捕捉到一个新品类机会。

目前，导购品类主要有两个分化方向：

第一个，由综合型导购向专业型垂直导购分化。一般情况下，消费者会认为专门为某个品类提供导购服务的品牌更专业，更值得信赖。因此，由综合型导购向专业型垂直导购分化是导购品类分化的主要方向之一。事实上，每个较强势的抽象品类都存在打造专家导购品牌的机会。

第二个，由提供销量排名、价格等产品详情页资讯的传统被动式导购向可视化互动型直播导购分化。这样不仅可以有效提升消费者体验，还可以极大提高现场成交转化率，即选择效率，这也是电商导购崛起的重要原因之一。

随着 5G 与 AI 技术的发展，未来的导购可能将更为智能化、专业化，结合大数据及个人消费习惯，不仅可以为消费者提供更为精准的结构化与个性化的信息与知识，甚至可以直接为消费者提供优质答案。因为每个人对于信息及知识的接收与认知能力是不同的，这样可以大大降低消费者选择失误的概率。

4. 避免战略骑墙

从某种程度上看，战略骑墙其实是对企业资源的巨大消耗，最终可能会"捡了芝麻丢了西瓜"，得不偿失。

> 既想做餐饮类专业导购品牌，又想开展团购业务进军渠道品牌的大众点评，用实际行动证明失去中立性，导购品牌将遭受严重打击。

对于导购品类，"做渠道"就是一个美丽的陷阱。渠道品类拼的是整个供应链的综合运营实力，这刚好是专注于处理信息的导购品类所缺失的能力，冒然跨界，必然是危大于机。

此外，导购品类与渠道品类之间也存在博弈。对于导购品类来说，希望可以借助渠道的供应链优势，将其流量最大化的转化；而对于渠道品类来说，可能会担心长此以往，流量入口被导购方占据，从而失去流量主动权，沦为货仓。从现实商业的角度来说，解决这个博弈的途径之一就是各自寻求"一对多"的合作，从而降低对彼此的单一依赖性，既合作又竞争。

相比产品品类，导购品类和渠道品类都是商业界的少数物种，但是它们一旦成功，很容易成为商业巨头。**无论是产品品牌、渠道品牌，还是导购品牌，三者都应该在自己较有效率的边界内运行，将各自分工职能发挥出最大价值，维护良性竞争的商业环境。**基于三者职能的不同，在打造品牌的方法上也有所不同，相关企业应该遵循不同品类的价值属性来配置资源、打造品牌，避免出现资源错配、恶化商业环境的情况。

第五章

建立差异化，长期锁定消费者

定位，即在消费者心智中占据一个与众不同的位置，以赢得其优先选择。在产品和信息爆炸的大竞争时代，唯有占据消费者心智，企业才能长期锁定他们。

与众不同：建立差异化的九大方法

中国的商业竞争经历了从产品时代到市场时代再到大竞争时代的转变，商战的地点也由工厂逐步转移到了市场又转移到了消费者的心智。在供大于求的大竞争时代，产品爆炸、渠道爆炸、信息爆炸，心智资源变得越来越珍贵，成了企业争抢的稀缺资源。消费者的心智容量有限，同一品类只能容纳极少的品牌。因此，做到与众不同是抢占消费者心智的最重要方法，直白地说，就是要建立差异化，告诉消费者为什么要选择你而不是别人。

关于如何建立差异化，杰克·特劳特先生在《与众不同：极度竞争时代的生存之道》[1] 一书中阐述了"九大差异化方法"，这九大差异化既可以说是九种信任状，又可以说是九种建立消费者认知优势的方法，下面是对这九种方法的详细解析，如图 5-1 所示。

---

[1] 《与众不同：极度竞争时代的生存之道》是 2009 年机械工业出版社出版的图书，作者是杰克·特劳特、史蒂夫·里夫金。

图 5-1 建立差异化的九大方法

1. 成为第一

这里的"第一"是指第一个，即要做消费者心智中的"原创者"，而不是后出现的"仿冒者"。"成为第一"是做出来的，"领导地位"是喊出来的，这是两者之间最大的区别。"成为第一"是指通过第一次做某件事来在消费者心智中开创一个新品类或者代表一个既有品类。

> 比如，香飘飘奶茶就是中国杯装奶茶的开创者。在香飘飘奶茶之前，街边奶茶店奶茶中的"珍珠"大多采用的是淀粉粒，香飘飘则创新采用"椰果包"代替了不易泡开的淀粉粒，同时在产品包装上还率先采用了折叠吸管以及星巴克咖啡的"高盖"设计，从而成了工业化杯装奶茶的开创者，成了消费者心智中杯装奶茶的"第一"。

"领导地位"是喊出来的，是通过一些宣传来强化自身优势，从而巩固加强企业或品牌在消费者心智中的地位。

> 比如，香飘飘奶茶的"一年卖出3亿多杯，杯子连起来可绕地球一圈""连续7年全国销量领先"等广告语，主要目的就是强调其在行业内的强大地位，进而成为消费者心智中的"领导者"。

2. 占据特性

占据特性，即要在消费者心智中占据一个能与其他同类产品进行区分的特性，这是建立差异化的一个重要方法。通常情况下，特性可以直接与消费者需求进行对接。

> 比如，"做特卖的"唯品会；主打"高效防蛀功能"的佳洁士牙膏；以"安全"著称的沃尔沃汽车；"送什么都快"的美团外卖；"随时随地，专人专车"的神州专车；"去屑"的海飞丝洗发水……

以上所列举的这些品牌都通过占据某个特性，满足了消费者的某个特定需求而进入消费者心智。

一个品类中往往会蕴含很多特性。

> 比如，牙膏品类可以区分出"防蛀""美白""抗过敏"等多个特性；手机品类可以分为"音乐手机""快充手机""拍照手机"等多种类型。

品牌在有能力的情况下，可以尽可能地占据靠前的特性，**特性越靠前，潜在市场就越大**。你要抢占哪个特性通常取决于你的自身资源以及你所要占据的特性是否已经被竞争对手抢占。需要强调的是，特性的排序并不是一成不变的，它会随着企业自身的努力以及外部认知的变化而变化。

3. 领导者地位

一旦某个品牌成为消费者心智中的领导品牌，那么，当消费者有所需求时，第一个想到的往往就是它。

> 比如，许多消费者在购买空调时，第一个想到的品牌会是格力；谈到可乐，大多数人首先想到的是可口可乐……

领导者地位是最具号召力的差异化概念，可称之为牌局中的"王炸"，商战中的"核弹"。它能最大强度消除消费者的不安全感，因为人们更愿意相信强者。领导品牌往往能代言品类，而且由于消费者"心智不易改变"，领导品牌的地位通常难以被撼动，这就是为什么在中国，海天酱油、南孚电池、贵州茅台、公牛插座等品牌能够长期主导市场的一个重要原因。

值得注意的是，品牌在诉求"领导地位"的时候，最好不要直来直去，应该选择"戏剧化"的表达。

4. 经典

经典，即经过历史选择出来的最有价值的，最能体现本行业精髓的品牌。拥有悠久历史的品牌，往往更容易给予消费者安全感。对于历史悠久、技术迭代比较慢的品类中的品牌，"经典"是个很好用的差异化概念。

比如1848年创立的民族品牌老凤祥，通过"跨越三个世纪的经典"诉求，赋予了品牌深厚的历史文化内涵，向众人传达其产品质量可靠、值得传承的特点；"一年卖出百万只，三代祖传更好吃"的张鸭子，"三代祖传"就是在传达其"经典"差异化，而"更好吃"则是占据了"好吃"的特性，"一年卖出百万只"则是在强调其产品的"热销"，这句广告语看似简单，实则同时传达了三个差异化，非常出色。

5. 市场专长

拥有市场专长，是指专注于某个品类或品类中的某个特性。在大多数人的眼中，"专家"就意味着拥有更多的知识和经验。因此，人们往往对专家拥有着更强的信赖感。

比如，号称"男人的衣柜"的海澜之家；"更适合中国宝宝体质的奶粉"的飞鹤；制造和销售高效碱性电池的南孚等品牌都是依靠某项专长而成功占领了消费者的心智。

需要注意的是，在通过市场专长建立差异化时，品牌绝不能单纯诉求"专家"身份，还要表明"专家"相对于"非专家"的最大价值。此外，如果你的主要对手都是众所周知的专家，你就无须诉求所谓的"专家"身份。

6. 最受青睐

所谓"最受青睐"，就是指品牌被一些高势能人群选择。它给其他消费者带来更多的安全感和信赖感。这里的"高势能人群"可以是有钱、有名的人，也可以是有知识的人，或者是在某个领域具有影响力的人。

> 原创内容平台知乎在推向市场之初，曾经邀请了诸多知名人物入驻，就是通过这些"高势能人群"来吸引更多普通用户的加入。

和其他几种建立差异化的方式相比，"最受青睐"相对容易实现，是许多品牌的成功路径。

7. 独特制造方法

独特的制造方法属于物理层面的差异化。当一个品类的竞争者众多，大量的同质化产品在市场上涌现，在这种情况下，独特的产品制造方法就可以让你与竞争者区别开来。

> 比如，夏士莲黑芝麻洗发水，号称其洗发水中含有"黑芝麻成分"；还有九牧王男装的宣传广告——"800万条人体曲线数据，23000针缝制，108道工序……"，这些表述无一不在传递其西裤制作过程的精益求精；还有"每一滴都经过严格净化，足足有27层"的乐百氏纯净水，也是试图从制造方法上来展现自身的与众不同。

需要提醒大家的是，消费者是否理解这个独特的方法并不重要，企业的最终目的是让消费者相信企业能给他们带来利益。

8. 新一代

从实质上讲，"新一代"就是试图通过产品迭代，用新产品替换掉市场主流（也就是所谓的"老一代"）的方式。

> 比如，"康师傅方便面，加量不加价"就是在强调新产品与众不同之处；百事可乐选择将年轻人当成目标消费群体，把自己定位为"新一代的选择"，从侧面反映了自己与可口可乐的差异所在。

新产品赢得认可的关键在于要尽可能地突破老一代产品，新老产品之间的差异化越大，新产品越容易得到消费者的认可。这种方法优势在于可以满足人们的好奇心，吸引人们的注意力。

9. 热销

诉求热销就是要让大众知道自己的产品非常受欢迎，一定是好产品。此外，热销还有一个好处，就是可以制造好口碑，从而帮助品牌更快地进驻更多消费者的心智。在诉求热销的过程中，要尽可能地表达清楚热销的原因，也就是说要让消费者感知到你的产品好在哪里，这就需要站在消费者利益的角度来进行阐述。

> 比如，食品可以将热销的原因归结于"更好吃"，吸油烟机则可以表明"吸力更大"。

从某种角度来说，热销其实是作为信任状来支撑产品想占据的特性。消费者真正需要的并不是"热销"的产品，而是"更好"的产品，"热销"只是证明产品"更好"的一个依据。

总体来说，以上九大差异化可以分为利益型和认知型两个类别，如图 5-2 所示。

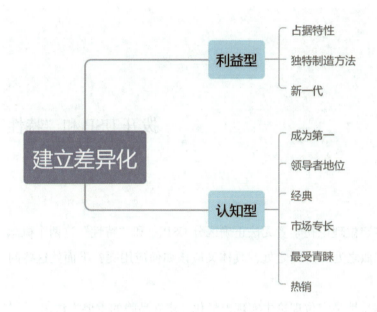

图 5-2 差异化的两种类型：利益型和认知型

其中，占据特性、独特制造方法以及新一代属于利益型差异化。它们都是具有实质内容的差异化，包含了"不同"的消费者利益。想要通过这些方法在激烈的商业竞争中取得立足之地，关键是要抓住时机，抢先占领消费者心智，这些概念才具备不可复制性，才能以配称形成战略，并得以保持。

"成为第一""领导者地位""经典""市场专长""最受青睐""热销"这六种建立差异化的方法属于认知型。这些差异化与产品本身无关，其更多的是顺应了人们判断事物的一般逻辑，从而使人们达成对产品质量的"优势认知"，这类方法在本质上是为了诉求"更好"。需要强调的是，这里的**"成为第一"只有在所进驻品类或所占据的特性有价值的情况下，"第一"所带来的"原创""正宗"认知才有意义**，若脱离这些谈"第一"，则很容易陷入伪品类的误区。

在实际传播过程中，企业最好能够把这两种差异化配合起来使用，分清"君臣佐使"，让两者发挥的效用最大化。

拨开 USP 和 "特性" 迷雾

很多定位理论初学者无法正确区分 USP[1] 和 "特性" 这两个概念，这两者有哪些相似之处和不同之处？具体又应该如何应用呢？下面就这些问题来做详细解析。

占据特性是定位理论中实现差异化、建立品牌的重要方法之一。针对特性，杰克·特劳特和特劳特中国公司董事长邓德隆[2] 合作发表过一篇名为《品牌战略方法之一：以 "特性" 建立品牌区隔》的文章，文章中提到了关于特性的两个基本假设：首先，特性是某个人或某个事物的性格、特征或与众不同的特点；其次，人和事物是各种特性的混合体。每个产品也是一样，根据它所属品类，也具有一系列不同的特性，企业可以利用其中一个特性来建立独特的品牌。

> 比如，同样是洗发水，但每种洗发水在去屑、柔顺、滋养、修复、防脱发等功能上都不同于其他洗发水。

---

[1] 20 世纪 50 年代初美国人罗瑟·瑞夫斯（Rosser Reeves）提出 USP 理论，要求向消费者说一个 "独特的销售主张"（Unique Selling Proposition），简称 USP 理论，又可称为创意理论。其特点是必须向受众陈述产品的卖点，同时这个卖点必须是独特的、能够带来销量的。

[2] 邓德隆，特劳特伙伴公司全球总裁、特劳特中国公司董事长。深研定位理论 20 余年，与 "定位之父" 杰克·特劳特先生共同工作超过 15 年。一直致力于在中国倡导并实践特劳特定位理论。

在两大假设的基础上，文章还对占据特性的方法做了如下的补充：不能占据竞争对手已经占据的特性；最有效的特性是简单的，并以利益为导向。也就是说，企业在选择特性时，要努力找到一个与竞争对手不同的特性，不要盲目地模仿领导者，因为消费者心智很难改变。同时，还要注意聚焦在某个简单的字眼或者一个利益上，每个品类都蕴含着多种特性，每种特性基本上都对应了消费者的一个利益。通常情况下，一个品牌最好只主导一个特性，稳固建立一点利益。

USP 是英文 Unique Selling Proposition 的简写，全称译为"独特的销售主张"，是广告大师罗瑟·瑞夫斯[1]在继承科学的广告理论的基础上，根据自身的广告实践，于 20 世纪 50 年代提出的，USP 理论可以概括为三点，如图 5-3 所示。

第一点，每个广告都要对消费者提出一个产品主张，给予消费者一个明确的利益承诺。

第二点，这个主张是其他同类竞争产品不具有或者还没有宣传过的。

第三点，这个主张必须要有足够的促销力，能够有效推动产品销售。

图 5-3 USP 理论的三个重要特点

第一点，每个广告都要对消费者提出一个产品主张，给予消费者一个明确

---

[1]罗瑟·瑞夫斯（Rosser Reeves, 1910 年—1984 年），广告界大师，广告科学派的忠实卫道士，也是获得"纽约广告名人堂"荣誉的 5 位广告人之一。瑞夫斯曾任达彼思广告公司的董事长，并提出了著名的"USP 理论"，即"独特的销售主张"，这一理论，对广告界产生了经久不衰的影响。

的利益承诺。

第二点，这个主张是其他同类竞争产品不具有或者还没有宣传过的。

第三点，这个主张必须要有足够的促销力，能够有效推动产品销售。

综上所述，可以看出"特性"和USP方法有诸多相似之处，比如USP和"特性"都强调要给消费者好处（利益或功效），且二者都强调"竞争性"（USP第二点强调"这个主张是其他同类竞争产品不具有或没有宣传过"；"特性"强调"不能占据竞争对手已经占据的特性"），这是定位理论初学者经常搞混USP和"特性"的主要原因。那么，USP和"特性"之间有什么区别呢？如图5-4所示。

图 5-4 USP 和特性的主要区别

1. 特性基于消费者认知，USP 基于事实

在汽车品类中，沃尔沃占据了"更安全"这个特性，但沃尔沃是否真的比竞争对手的车"更安全"呢？经过多年的认证和测试，得出的事实并非如此。然而，在消费者心智中，沃尔沃就是"更安全"的车。也就是说，特性更多的是来自消费者的认知，而USP则是物理层面的。

或许有人会反驳说，沃尔沃有更好的防撞钢板和更多的安全气囊，难道这不是事实吗？当然是，但这些事实只是为了巩固和强化其"更安全"的认知，并没有让它的车本身变成"最安全"的车。那么，为什么 USP 在某些时候也能奏效呢？那是因为这个 USP 所想要承诺和提供的"利益"或者说特性在消费者心智中还没有被别人占据。一旦这个特性已经被别人占据，那么，即便你的产品确实在这方面更胜一筹，消费者往往也很难接受。

20 世纪 80 年代，沃尔沃汽车依托"安全"特性崛起后，事实层面更安全的汽车——奔驰，随后也开始诉求"安全"，结果不但没有被消费者接受，反而进一步强化了"沃尔沃更安全"的消费者认知。

2. 逻辑与操作过程不同

虽然 USP 和"特性"的"终点"都是要为消费者提供好处，但是从方法本身的逻辑和操作过程来看，二者却截然相反。

"特性"始于心智，USP 始于产品本身，通俗地讲，**"特性"是从消费者心智中找到的，而 USP 则是从产品本身找到的**。也就是说，使用 USP 必须是先在产品本身找到差异点，然后用"事实"为消费者提供利益，而"特性"则是勘察到消费者心智中某个还没被别人占据的、有价值的利益点，无论产品本身是否具备满足这个利益点的事实，都可以向这个（勘察到的消费者心智中还没被别人占据的、有价值的利益点）方向诉求。当然，为了让消费者相信企业可以提供这个利益点，产品可以依据这个方向进行调整，例如，沃尔沃汽车会增加安全气囊，加固防撞钢板等。

两者背后的逻辑分别是：

（1）USP：产品本身→消费者利益；

（2）特性：消费者心智（消费者利益）→产品本身（配称）。

从根本上讲，"特性"更像是一个竞争性的视角，它要考量和争取的是为消费者提供"XX 利益"的机会（竞争导向），因为是视角，所以，理论上"特性"有无数个；USP 则把第一步放在了为消费者提供"XX 利益"的实力和能力上（自我导向），因为是物理层面上的，它与产品本身的研发和创新不可分割，因此，在一定时期内，产品的 USP 也是有限的。**在外部机会存在的情况下，USP 也是可以转化为"特性"的——或者说为占领"特性"服务。**

比如，南孚电池的"南孚聚能环，1节更比6节强"就是通过阐述产品本身"有聚能环"这个事实，能够让消费者获得"1节更比6节强"的利益，暗示它的电池"更持久，更耐用"，由此占据"更持久耐用"这一特性。此时，这个聚能环（USP）就是为了占据"耐用"这一特性的。

云南白药创可贴的"有药，好得更快些"，这里的"有药"（USP）也是为了占据"好得更快"这个特性；厨邦酱油的"晒足180天"这个USP，主要目的是支持它的酱油是"天然鲜"，从而占据"更安全、更新鲜"的特性。

总而言之，"特性"就是竞争性的价值维度，基于心智，始于心智；USP就是产品本身特点，基于事实，始于事实。

掀开“领导者”的面纱

　　“领导者地位”是定位理论中最强有力的差异化概念，一般情况下，品牌一旦成功占据消费者心智中的领导者地位，就很难被取代。此方法具有广泛的适用性，且备受广大企业和品牌的青睐。然而，建立领导者地位看起来简单，在实际应用中要注意的却很多，而且对企业本身有着较高的要求。

　　“领导者地位”的理论基础是人类“择优而选”“从众判断”的本能和常识。择优而选是人的本能，建立“领导者地位”实际上就是在回答众多消费者的一个疑问：到底哪一个最好？一般情况下，普通消费者本身并不具备鉴别的能力，他们鉴别一个东西好坏最直接的方法就是看选择该产品、购买该产品的人数。如果选择该产品的人数比较多，消费者心里往往就会默认该产品是更好的，进而增加了其选择该产品的概率，这便是心理学上著名的“羊群效应”。

　　人类的心智缺乏安全感，因为缺乏安全感，所以他们更愿意知道谁是领导者，而从众判断就为他们提供了一条捷径。法国社会心理学家古斯塔夫·勒庞[1]在其著作《乌合之众：大众心理研究》[2]中讲道："只要有一些生物聚集在一起，不管是动物还是人，都会本能地让自己处在一个头领的统治之下。"

---

[1]古斯塔夫·勒庞（Gustave Le Bon，1841—1931），法国社会心理学家、社会学家，群体心理学的创始人，有"群体社会的马基雅维利"之称。他出生于法国诺晋特－勒－卢特鲁（Nogent-le-Rotrou），逝于法国马恩－拉－科盖特（Marnes-la-Coquette）。

[2]《乌合之众：大众心理研究》是一本研究大众心理学的著作，首次出版于1895年。

这句话的意思是指任何一个生物群体，都渴望有一个领导者，人也是一样。

"领导者"就是牌局中的大小王。当商业战争相持不下，消费者不知应该如何进行选择的时候，如果其中一方诉求"领导者"地位，就很有可能成功地使战局胜利的天平压向自己这一边。一般情况下，对消费者而言，谁是"领导者"，谁就是最好的。

总而言之，"领导者地位有效"的前提就是人类择优而选的本能，领导者概念得以成立的前提就是心理学中的从众效应。"择优而选"符合利益最大化的原则，而"从众"则为选择的前一个步骤——判断提供了依据，二者结合，构成了"领导者"概念的有效基础。

那么，"领导者"概念应该如何使用呢？如图5-5所示。

图5-5 "领导者"概念的使用

1. 表现形式：品类或特性维度上"第一"

首先，诉求领导者地位并不代表一定要直接强调自己是"领导品牌"，这种"自卖自夸"的形式不仅缺乏说服力，还有可能引发消费者的抵触心理，得不偿失。因此，企业可以通过一些特别的表现形式或途径间接传达"我是领导者"的信息，而这些表现形式和途径需要符合消费者逻辑和常识。一般情况下，只要符合"三段论"逻辑，就基本可行。

例如：

> 顾客逻辑：销量第一的品牌是品类领导者；
>
> 诉求事实：加多宝销量第一；
>
> 消费者结论：加多宝是凉茶领导者。

再如：

> 顾客逻辑：被行业专家或消费者青睐的品牌是品类领导者；
>
> 诉求事实：耐克运动鞋被更多的运动员和消费者所青睐；
>
> 消费者结论：耐克是运动鞋领导者。

这里的顾客逻辑并不一定局限于品类，也可以是品类的某个价值维度，也就是品类的某种特性。根据以上"三段论"逻辑，符合这些条件的常见领导地位主要有以下五种表现形式，如图5-6所示。

图5-6 诉求领导者地位的五种表现形式

第一种，诉求销量领先。这是非常常见的一种表现形式。

> 比如，飞鹤奶粉"高端销量遥遥领先"；爱玛电动车"全球销量，真正领先"；香飘飘奶茶"连续7年销量领先"等都在诉求销量第一。

需要强调的是，销量领先的广告宣传要尽可能建立在真实的基础之上，避免虚假宣传。瓜子二手车就曾因"遥遥领先"宣传语失实而被罚款 1250 万元。

> "创办 1 年，成交量就已遥遥领先"是瓜子二手车投放的一条视频广告宣传语。经工商局执法人员调查，在其强调的时间段内瓜子二手车成交量为 85874 辆，而北京市旧机动车交易市场有限公司成交量超过 40 万辆，北京人人车旧机动车经纪有限公司（人人车）的二手车成交量也超过了 9 万辆，两者的二手车成交量均在瓜子二手车之上，瓜子二手车销量并不是宣传中的"遥遥领先"，因此，瓜子二手车因虚假宣传而被勒令禁止使用该广告语，还需缴纳相应罚款。

如果你的销量不领先，但是收入领先的话，也可以诉求收入领先；如果收入不领先，还可以诉求市场的增长速度领先；如果今年的增长速度不领先，可以诉求本季度的或者上个季度的增长速度领先，但是要尽可能保障宣传的真实性。

比如，中国涂料品牌三棵树宣称"连续 7 年销量翻番"就是在诉求增长速度领先。

第二种，诉求技术领先。诉求技术领先也是确定领导地位的一种表现形式。

> 比如奥地利兰精 (Lenzing) 公司是一家比较大的纤维供应商，但是从数据上来看，其市场份额并不能支持其"市场领先"的定位。在特劳特及其团队建议下，兰精开始诉求"粘胶纤维技术全球领导者"，并且很快奠定了其在全球粘胶纤维市场中技术领先的地位，其市场份额也随之大幅度提升。

第三种，诉求历史。即通过强调品牌的历史，来证明品牌无可替代，在品类中占据着绝对领导地位。

> 比如，宜宾五粮液集团的"诚信百年，传奇品质""千古传承者，源起1368"等广告语，就是在诉求历史。

第四种，占据品类中某个特性。 占据特性，其实也是一种隐形的诉求领导者的方式。

> 比如，沃尔沃强调自己是安全的汽车，就是向消费者传达"在汽车安全这个特性中，我是做得最好的，是领导者。"

第五种，受青睐。 受青睐的意思就是受高势能人群的喜爱，受高势能人群的认可，这也是反映品牌领导地位的一种重要方式。

> 比如，体育运动品牌Nike（耐克）之所以能够在世界范围内拥有巨大的影响力，一个非常重要的原因就在于许多知名运动员都表达了对该品牌鞋子的喜爱。耐克在全球签约了大量的优秀运动员，这些运动员对于耐克而言就是非常好的代言人。

总之，"领导者地位"的表现形式可以有很多种，只要符合消费者的常识和判断逻辑即可，"三段论"的模型可以作为检测工具。

2. 运用原则：现实原则和利益最大化原则

领导者地位是品牌实施差异化强有力的方法之一，但企业在诉求领导者地位的过程中常常进入两个误区：一是看别人喊我也要喊，二是只要我是领导者就不分情况地乱喊。

并不是任何品牌、任何时候都可以随意高喊"领导者"的口号，企业诉求"领导者地位"要符合两大原则：现实原则和利益最大化原则。现实原则，就是你喊了，同时消费者愿意相信你，能起作用——你能得到；利益最大化原则，就是喊了对你更有利——可以获取更多的实际利益。

反之，当你喊了，消费者也不会相信或者也不能获取更多实际利益时，就不能随意称自己为"领导者"。具体来看，当企业面临以下几种情况时，就不可以随意运用"领导者地位"的概念，如图5-7所示。

（1）消费者心智中已经有了明确的领导者
（2）没有足够的"证据"（信任状）支撑
（3）已经是大众所公认的领导者
（4）自己远远不是领导者

图 5-7 不适合运用"领导者地位"的四种情况

（1）消费者心智中已经有了明确的领导者

心智不易改变，如果消费者心智中已经有了明确的领导者，这时企业不可以随意高喊自己为领导者。

> 比如志高空调，它诉求"高端空调领导者"，但是消费者反应却相对一般，因为大多数消费者对高端空调并没有一个明确的概念，而且在空调这个类别中，消费者心智中已经有了格力作为领导者，志高这个"领导者"让消费者很难信服，是无效的，甚至会起反作用，不符合现实原则。

（2）没有足够的"证据"（信任状）支撑

如果企业没有足够的"证据"证明自己的领导者地位，这时高喊自己是领导者，也很难让消费者相信，这同样不符合现实原则。

> 比如，一个市场表现和知名度很一般的区域品牌，突然宣称自己是全国领导者，这个时候就很容易引起消费者的质疑。

互联网时代，消费者每天被各种各样的信息轰炸，往往会比以前更加多疑。此外，如果企业拿不出证据就诉求自己是领导者，不仅会引发消费者的质疑，还有可能面临法律风险。

（3）已经是大众所公认的领导者

如果企业已经在潜在消费者心智中牢牢地占据了领导者地位，而且其他竞争对手还没有对你构成威胁时，通常就不需要再大力宣扬自己的领导者地位。因为这样反而不利于品类的壮大，品类发展一旦停滞，品类领导者的"蛋糕"也成了无源之水，这不符合利益最大化原则。

对领导者而言，品类中的其他品牌不仅是对手，更是盟友。品类领导者要做的是带领大家一起将品类做大，一起去抢夺竞争品类的地盘，而不应该再去抢夺同行手里的那点蛋糕。

（4）自己远远不是领导者

当你还远远不是领导者时，盲目地诉求领导者的定位，一方面很难让消费者相信，另一方面还会过早地暴露实力，容易被行业内更有能力的对手扼杀。这个时候，你要做的是像游击队一样藏到敌后去逐步积累实力，伺机而动。盲动的风险太大，也不符合现实原则和利益最大化原则。

总之，当企业处于以上四种情况时，就要慎重考虑自己是否有必要诉求领导者地位。那么，什么情况下企业才应该诉求领导者地位呢？如图5-8所示。

第一种情况：有品类无品牌的时候。

第二种情况：自己本来就是领导者，但地位受到了威胁。

图5-8 企业应该诉求领导者地位的两种情况

第一种情况：有品类无品牌的时候。当品类中还没有出现真正的领导者，这时，如果企业通过诉求"领导者地位"率先进入消费者心智，相对来说，就会比较容易被消费者视为领导者，原因主要有两方面：一方面是没有阻力，更容易让消费者相信，符合现实原则；另一方面是没有噪音，企业可以分到最多的注意力和流量，同时简化了消费者的选择，更容易获取更多的市场份额，符合利益最大化原则。

> 比如，当一群人中还没有出现真正的领袖时，有人出来振臂一呼，这个人就很有可能成"王"。但是，当这群人已经拥有领袖时，再有人出来振臂一呼，那就相当于谋反，阻力和风险都极大！
>
> 比如，"好想你红枣"是好想你枣业股份有限公司的简称，当好想你红枣宣称自己是"中国红枣领导者品牌"时，在大众的认知中，并不知道红枣领域谁才是领导者，直到"好想你红枣"站出来，借助广告大力传播自己在红枣领域的领导者地位，因此"好想你红枣"很快便成了消费者心智中的中国红枣领导品牌。

第二种情况：自己本来就是领导者，但地位受到了威胁。在日常生活中，当公司里面副总风头正劲，赢得了企业很多员工的认可，甚至有可能压倒总经理的时候，总经理就需要跳出来表明自己的地位。同样，在商业市场中，当品牌的领导者地位受到威胁，很有可能被人抢走时，就需要加大宣传力度，将"我才是领导者"这个信息传递给更多的消费者，从而在更多的潜在消费者心智中捍卫自己的领导者地位。

综上所述，当企业没有足够的证据支撑你是领导者时，当消费者心智中已经有明确的领导者时，当你自身已经是绝对的领导者时，都不要轻易再高喊自己的领导者地位。而当你面临有品类无品牌时，当领导地位受到威胁时，就应该加大自己领导者地位的宣传。总之，运用领导地位概念要注意五种常见的表现形式，还要符合现实原则和利益最大化原则，这样才能达到理想效果。

按照消费者逻辑出牌

角色地位不同，决定了企业和消费者之间的认知不同。品牌方不断创新产品，认为自己在为消费者提供更优质的产品，但是，消费者却无法感知到新产品的价值。品牌方认为自己的产品质量好，就应该有好的销量，但是，消费者认为只有卖得好的产品才是好产品。就像一个男孩在追求喜欢的女孩时，男孩并不了解女孩真正需要的是什么，只是按照自己想要的方式去爱，那又怎么能够打动女孩的芳心呢？

有人说，逻辑是人生中最重要的常识。同样，在商业世界中，逻辑也是极为重要的常识。何谓逻辑？逻辑是指思维的规律和规则，缺乏逻辑是大多数沟通无效的根本原因所在。商业社会里，消费者和品牌方各自有各自的逻辑。常常品牌方不能够换位思考，单纯以自己的逻辑去代替消费者思考，去和消费者沟通，那么，这种沟通显然会是无效的。

杰克·特劳特曾经说过，销售的本质，它并不取决于创意、风雅或想象力，它只是关乎逻辑，是一门涉及合理思维的规则与证明的科学。由此可见，顺应消费者逻辑的重要性。因此，企业在建立差异化定位时，也应该注意遵循以下消费者的三大逻辑，如图 5-9 所示。

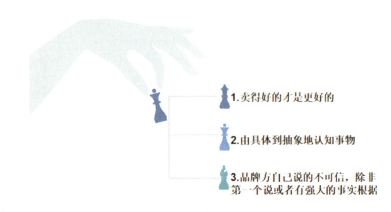

图 5-9 消费者的三大逻辑

1. 卖得好的才是更好的

作为产品的研发者、创造者，品牌方通常拥有极其专业的知识。但消费者不同，他们大多缺乏专业知识，也没有足够多的时间和耐心去了解谁才是真正的"好"。因此，在判断"谁更好"时，消费者往往喜欢采取最为简单便捷的方法，即看市场上同类产品"谁卖得更好"。

> 在日常生活中，当你需要购买某品类商品却不知如何选择时，你会怎样向商店老板咨询呢？大多数人应该会问它们"哪个卖得更好"。

人性缺乏安全感，喜欢跟风，人们总认为被大多数人选择的一定是最好的，选择销量高的一定没错！卖得好的才是更好的，这就是消费者的第一个重要逻辑。其实，在消费者的意识中，通常也是质量好才能卖得好，但多数消费者并没有分辨产品质量的能力，所以，逻辑只能是倒过来的：谁卖得好，谁就更好。

> "九大差异化方法"中的"领导者地位"，如拉勾网"10个互联网人换工作，9个用拉勾"；"热销"差异化，如香飘飘奶茶"杯子连起来

可绕地球2圈"；"经典"差异化，如德州扒鸡"300年传承，10代人传奇"，这些都是在顺应消费者"卖得好的才是更好的"的逻辑。

2. 由具体到抽象地认知事物

一般情况下，每个人在认知事物时都遵循由具体到抽象的规律。

> 比如，某一天，你认识了一位东北朋友，在相处的过程中发现他特别热心肠、特别讲义气。过了一段时间，你又认识了另一位东北朋友，结果发现这位朋友也非常热心肠、非常讲义气。又过了一段时间，你又认识了第三位东北的朋友，和前两位一样，这位朋友也非常热心肠、非常讲义气。这时，你的头脑中就会形成一个认知：东北人都热心肠、都讲义气，这就是人类认知事物的常见方式。

用定位建立品牌，实质上也是在消费者心智中建立一个抽象认知，让消费者感觉某个品牌必然就是耐用的，必然就是方便驾驶的，必然就是质量过硬的……从某种程度上说，**占领心智指的就是品牌建立在消费者心智中的抽象认知。**

因此，企业在建立差异化定位时，也可以顺应消费者"由具体到抽象"的认知逻辑。

> 比如，"梦之蓝，全球经济学家论坛宴会用酒"，经济学家论坛专用酒的具体事实传达了一个抽象的认知：这是高端人士青睐的酒；"伊利，北京2008年奥运会唯一指定乳制品"，就是在用奥运会唯一指定乳制品的具体事实来向消费者传达一个抽象的认知：伊利是安全、营养的乳制品；"深圳蛇口希尔顿南海酒店选用简一大理石瓷砖"，也是通过呈现"希尔顿南海酒店选用"这一具体的事实信息，让消费者形成"简一是高档瓷砖"的认知。

很多时候，如果想要建立的认知比较抽象，企业可以尝试为消费者呈现一个具体事实，让消费者自然形成抽象的认知。

3. 品牌方自己说的不可信，除非第一个说或者有强大的事实根据

"王婆卖瓜，自卖自夸"，对于品牌方的自我标榜，消费者一般都会表示怀疑，但是以下两种情况下例外：

第一种情况是："第一个说"，几乎所有与第一有关的信息，人们都倾向于将它当作"知识"，这就是为什么很多书会告诉人们"世界最高的山是哪座？世界最长的河是哪条？"等问题的根本原因。人的大脑对知识是敞开的，对于"第一个说"的更愿意接受和相信。

第二种情况是有强大的事实根据。逻辑严密的事实证明是让消费者自己说服自己的必要条件。

需要注意的是，品牌提供的事实根据最终要关联到消费者利益上来，因为人性通常都是自私的。此类表达通常有两种表达形式，如图 5-10 所示。

（1）产品事实+消费者利益　　（2）市场事实+消费者利益

图 5-10 品牌提供事实根据的两种表达形式

（1）产品事实 + 消费者利益

比如，"云南白药创可贴，有药好得更快些"，这里的"有药"就是产品事实，而"好得更快些"则体现的是消费者利益；桂林有一家老字号米粉店"明桂米粉"，其宣传语是"祖传卤水更好吃"，其中，"祖传卤水"是产品事实，而"更好吃"就是消费者利益。

这种句式是由产品事实的"因"，推导出消费者利益的"果"，从而形成逻辑的闭环。

（2）市场事实 + 消费者利益

> 比如，拼多多"4亿人都在拼的购物APP，拼着买更便宜"，"4亿人都在拼"是市场事实，消费者获得的利益是"更便宜"。

这种句式是由果溯因的结构，市场现象结果前置，让人由结果相信原因。

> 再比如，重庆张鸭子"1年卖出百万只，3代祖传更好吃"，"1年卖出百万只"是市场事实，"3代祖传"是产品事实，同时用到了市场事实和产品事实，追溯到的"更好吃"是原因，也是消费者利益，这时候消费者往往就倾向于相信它是真的好吃。

除此之外，如果消费者对品牌方的说法表示怀疑，那么，品牌方还可以通过第三方来传达品牌信息，以增强信息的可信度。

> 比如，华为P30 pro手机在刚刚投向市场时，华为并没有通过广告大肆宣传手机拍照功能的强大，而是利用手机拍月亮的创意引发了巨大争议，获得众多第三方媒体的报道，从而向大众传达了一个信息："华为手机拍摄功能是真的非常出色，月亮都可以拍得这么清晰。"

如果给"定位"下一个定义，可以将其理解为：定位就是如何在潜在消费者心智中做到与众不同。换个角度，对于消费者而言，"定位"就是购买理由，就是告诉消费者为什么选择你而不是选择你的竞争对手。因此，要想做到真正的"与众不同"，就要学会顺应消费者的逻辑。

看到这里，可能有人会说："难道每位消费者都讲逻辑吗？消费者也会讲情感啊！"诚然，心智中理智与情感并存，但在一般情况下，一个正常人绝大多数时间都是用理智在思考，而不是被情感所支配。美国未来学家马克·佩恩为此做了很多实验，他在《小趋势》中写道：在生活的许多方面，人们的理性面远比纯粹的直觉或情感面更有力量。正是因为理智，将我们跟野兽区分开来，正是因为理智，才使人类建立起了现代文明世界。

可以说，定位就是帮助我们看清消费者的逻辑，从而顺畅地表达品牌信息，并让潜在消费者欣然的接受，对品牌产生优先选择的一整套逻辑。特劳特先生在《与众不同：极度竞争时代的生存之道》中提到的九大差异化定位方法，实质上也是九种顺应消费者逻辑与消费者沟通的购买理由。

第六章

传播购买理由，让消费者"心动"更"行动"

对消费者而言，定位就是选择你而不是其他品牌的理由。因此，传达
定位就是向消费者传达购买理由，从某种角度来看，这也是营销的本
质。好的购买理由可以让目标消费群体迅速找到自己的需要，并做出
购买决策，完成从"心动"到"行动"的一系列动作。

有效传达，将"名字"变为"品牌"

从"找到定位"到在消费者心智中"占据定位"，这中间有一道鸿沟。如果只是找到定位，而不去占据定位，那做的就是无用功。企业在打造品牌过程中，不仅要找到正确的定位，还要准确高效传达给消费者，让品牌在消费者心智中占据这个定位。只有这样，才能让你的产品由"产品"变成"商品"，由"名字"变为"品牌"。因此，准确的传达定位非常重要。

那么，到底应该如何传达定位呢？这里推荐两个重要工具：公关和广告。

这里所谓的公关就是让第三方说你好，这样可以有效解决可信度问题。在消费者对你的产品、品牌并不是非常了解的情况下，通常需要第三方给予消费者信誉保证，从而建立品牌信任感。在日常生活中，很多人常常认为公关就是危机公关，其实不然。事实上，危机公关属于危机管理系统的危机处理部分，主要是指当消费者对品牌的信任度发生动摇时，需要第三方给予品牌势能，帮助品牌挽回信誉。从某种程度上说，危机公关其实只是公关的一部分，是公关的应用场景之一，公关的实质是让第三方说你好。

反之，广告是自己说自己好。一般情况下，因为缺乏可信度，所以当消费者对产品或者品牌并不了解的时候，并不适合运用广告进行定位传达。

比如，当一个陌生人在大街上拦住你，疯狂推销某种你没有听说过的新产品时，你大概率是会产生抵触心理的，消费者对待陌生的广告同样也是如此。

　　一般情况下，在消费者对产品或品牌有所了解之后，再去进行广告宣传，才能产生理想效果。不过，以下两种情况例外，如图 6-1 所示。

你所说的对消费者而言是一种新知识

你选择在高势能的媒体上做广告

图 6-1 消费者不了解产品或者品牌也可以打广告的两种情况

1. 你所说的对消费者而言是一种新知识

　　好奇是人类的天性，大多数人都会对自己所不了解的事物和概念感兴趣，把它当作新知识，当然，前提是这种知识并不过于复杂。

　　比如，七喜汽水面世之初，饮料市场几乎已经被百事可乐、可口可乐两大巨头占据，面对可乐市场的超高人气，七喜巧妙地采用逆向思维，一句"七喜——非可乐"的广告语成功将饮料市场划分为两个部分：可乐型饮料和以七喜为代表的非可乐型饮料。"非可乐"这一新概念瞬间吸引了众多消费者的注意力，七喜也因此脱颖而出，成为继百事可乐、可口可乐之后碳酸饮料市场上第三大品牌。

2. 选择在高势能的媒体上做广告

很多时候，高势能的传播渠道能够帮助品牌提高信任感。

> 在中国，中央电视台一直都是众多品牌争抢的广告投放地，央视的影响力、公信力和为品牌背书的能力使得宝洁、娃哈哈、蒙牛等众多企业都曾耗费巨资在央视投放广告。凭借央视广告而迅速被大众所认知的企业、品牌也不在少数。

在这两种情况下，即使消费者对产品或者品牌并不十分了解，也可以适当进行广告宣传。

很多时候，对于消费者来说，定位就是一个购买理由，传达定位就是向消费者传达购买理由。而传达购买理由最重要的目的就是说服，说服消费者购买你的产品而不是竞争对手的。那么，到底应该如何说服消费者？具体应该向消费者传达哪些内容？这里要注意以下几种情况。

第一种情况，企业输出的信息是一个认知，但如果潜在消费者心智中这个认知已经被占据，该信息就无效。很多企业都掉入了这个陷阱，企图用一个认知颠覆另一个认知，却忽略了"消费者心智难以改变"这个事实。

> 比如，消费者心智中已经有了专为男士生产的香烟——万宝路，这时，新品牌就不要再试图输出自己是专为男士生产的香烟了；消费者心智中已经有了"更安全"的沃尔沃汽车，其他汽车品牌就尽量不要再强调自己的安全特性了；消费者心智中已经有了"防脱发"的霸王洗发水，洗发水品牌就不要再主张自己的防脱发特性了……

第二种情况，企业输出一个认知，但是潜在消费者心智中没有这个认知，或者说缺乏相应的知识。这时候，消费者极有可能接受企业所输出的认知，但是需要注意的是，这个认知要尽可能地符合逻辑、要简单。

> 在王老吉之前，消费者对于预防上火喝什么缺乏一个鲜明的、统一的认知，因此，大家对于王老吉所输出的"怕上火，喝王老吉"这个概念接受度很高。"保护嗓子，请用金嗓子喉片，广西金嗓子！"这条广告语曾经是一代人的记忆，仔细分析不难发现，这句广告其实也是在向消费者输出一个新知识。因为在此之前，消费者对于如何保护嗓子同样缺乏一个明确的认知，而当广西金嗓子告诉大家可以用"金嗓子喉片"时，消费者自然会将其当作一个新知识来接受。

第三种情况，企业输出的是一个事实。 输出事实有一个优势：人们都喜欢"摆事实，讲道理"，因此，当你向外输出一个事实时，人们往往会在事实面前自己说服自己。

> 比如，OPPO 的广告宣传语"前后 2000 万，拍照更清晰"中，"前后 2000 万"就是一个事实，当消费者看到"前后 2000 万"这个事实后，就会倾向于相信其"拍照更清晰"的结果。
>
> 当香飘飘的广告表明自己"连续 N 年全国销量领先"的事实时，消费者往往会自行推理得出一个结论："香飘飘奶茶是卖得最好的，所以产品是最好的。"

中学时代写议论文时，老师经常强调要写出论点和论据，其实，广告传播也一样需要论点和论据，而且最好的方式是只说出论据，让消费者自己得出论点。

综上所述，企业在传达定位时常用的方法主要有两种，第一种是"传播一项新知识"，前提是消费者心智中没有这种知识或这个认知，才会有效；第二种是"摆事实，讲道理"，让消费者自己说服自己。其实，在特劳特先生提出的九大差异化方法中，独特制造方法、最受青睐、热销等都是在讲事实。当讲出这些事实时，消费者通常就会认为"哦，它真的很好"，这样就达成了品牌的目的，即建立认知优势。

定位不是口号，口号却要传达定位

广告作为传达定位的一个重要工具，主要目的有两个：一是创造新顾客，让他们认识品牌及其差异化，知道品牌能够解决他们的何种需求；另一个就是提醒老顾客复购。

传达品牌定位的语言，一般在广告的核心位置，通常被称之为广告语，也就是我们所说的Slogan（标语，口号）。广告语的重要之处在于可以帮助品牌高效占据消费者心智。一句好的Slogan，仅用3秒钟就能触达消费者的内心。

如图6-2所示，广告语的目的主要有以下四个，即对接消费者需求、驱动消费者做出选择、给出强有力的购买理由以及实现自传播。

图6-2 广告语的四个目的

1. 对接消费者需求

这是广告语的首要目的。广告语应该让潜在顾客第一时间就能知悉该品牌的产品能满足自己何种需求。

2. 驱动消费者做出选择

广告要能有效推动销售，消费者做出购买决策前，往往喜欢反复衡量得失，即看自己所付出的金钱能否得到相应甚至物超所值的收获。好的广告语应该激发消费者的购买欲望，让其产生购买冲动，甚至可以直接向消费者下达购买指令，比如"视力下降，快用珍视明"、"爱她就送她太太美容口服液"等。

3. 给出强有力的购买理由

广告语的目的是要说服消费者购买，因此，要尽可能地将购买理由传播给消费者，告诉消费者你能为他提供何种利益，越是消费者关心的利益，你的理由就越强大，也就是说广告语要能够体现出品牌的差异化。

> 比如，"爱干净，住汉庭"这一广告语，就反映了汉庭酒店自身的特点和优势，即干净，这就是汉庭酒店传达给消费者的购买理由。而"清新口气，你我更亲近"则是绿箭口香糖向消费者传达的购买理由……

4. 实现自传播

广告语如果可以成为流行语，形成自传播效应，可以极大地增强传播效果，有效地节省传播费用。这就要求广告语要满足以下几点：

（1）好读

读起来要朗朗上口，这样才易于消费者记忆和传播。很多广告语非常讲究语调和音韵搭配，就是让消费者好读好记。比如，格力空调的"好空调，格力造"；M&M巧克力的"只溶在口，不溶在手"；维维豆奶的"维维豆奶，欢乐开怀"；人头马（一个白兰地品牌）的"人头马一开，好事自然来"等。

（2）简明扼要

要想形成自传播，广告语要尽可能地做到简短有力，容易被记住和传播。

（3）浅显易懂

广告语所用的文字要简单易懂，避免使用生僻或者容易产生歧义的字词。

那么，到底怎样才能写出让人记忆深刻的广告语呢？什么样的广告语才能达到理想的宣传效果？这里推荐一个简单实用的写广告语的方法：多用陈述句和断言句，如图 6-3 所示。

图 6-3 广告语中两种常见句式

首先，陈述句，简单来说，就是客观地陈述一个事实。陈述式的广告语是说出一个能够支持品牌定位的事实，以之作为购买理由，让潜在消费者自己说服自己。

比如，"拼多多，4 亿人都在拼"就是一个非常典型的陈述句，通过向大家陈述拼多多用户数量的事实，凸显出平台受欢迎的程度，从而让大家得出"拼多多是一个非常不错的购物平台""这么多人在用拼多多，选择它一定没错"的结论。

其次，断言句，就是直接下一个结论，不需要理由。目的是直接对接消费者需求，驱动消费者做出选择。

比如，"重感冒，流行感冒，请用仁和可立克"对接的就是消费者生病感冒需要用药的需求；"专业老人鞋，认准足力健"对接老人的穿鞋需求；"有问题上知乎"对接的是人们有问题需要寻求解决方法的需求。

断言句通常是一种主观性很强的言论，一般情况下是断定的话或者结论，给人一种不容置疑的感觉。断言句可以分为两种，直陈式和场景式。

直陈式，即直接陈述一个断言，要让品牌取代品类，抢占品类代表权。

比如，"要想皮肤好，天天用大宝""阿芙就是精油""知识就在得到""奶茶就要香飘飘""补水就用温碧泉""果冻，我要喜之郎"……

场景式是结合使用产品的场景，用一个断言激发消费者需求。

比如"贵客到，小罐茶"就是表明在有客人来访的场景下，要用小罐茶来招待；比如"累了、困了，喝红牛"同样点明了红牛的应用场景；"经常用脑，多喝六个核桃"则是通过"经常用脑"的用脑场景提示，让消费者自己对号入座；还有"没事儿就吃溜溜梅""中秋送礼，黄金搭档""看病人，送初元"等都是将一些特定场景应用到了广告语中。

需要注意的是，断言句虽然可以直接对接需求，但可信度不足。想要断言句产生效果，就要不断地重复。通过不断地重复，让广告语在消费者心智中生根，最终当作"真理"接受下来。

比如，老少皆知的广告语"今年过节不收礼，收礼就收脑白金"，节日期间大密度的广告投放，使很多观众都表示有些厌烦，但却切切实实地加深了大家对这句广告语的印象，让人即使时隔多年也能脱口而出。

这就是重复的力量。

总之，广告语应该能够快速有效地向消费者宣传品牌的差异化，帮助品牌在消费者心智中建立认知优势。在商业战场上，广告语就像品牌与品牌战争中的冲锋军，其主要任务是要将品牌定位有效地传达出去，成功攻破消费者的心理防线，在潜移默化中推动消费者做出购买决策。一句简明扼要、通俗易懂而又竞争性十足的广告语，是品牌营销中非常有利的武器。

"预判信息" 是博眼球的利器

关于广告，百货业之父约翰·沃纳梅克[1] (John Wanamaker) 的一句 "我知道在广告上的投资有一半是无用的，但问题是我不知道是哪一半" 广为流传，这句话看似在谈广告精准度的问题，实则背后隐藏着一个更为严重的问题，即许多广告都是无效的。根据哈佛大学的一则统计数据显示，"85% 的广告根本没人看！" 虽然，对于 85% 这个比例的精确性我们不得而知，但现实中的确存在两种广告：一种能很快抓住人们的眼球，让人产生主动了解的兴趣；另一种则很难引发人们的兴趣。

为什么会出现这样的情况？这很大程度上取决于广告信息是否符合人们接受信息的规律和购物过程中的 "选择逻辑"。**广告效果受制于消费者的 "选择逻辑"**。通常，一般状态的消费者（指没有明确的购物指向，处于闲逛或 surfing the internet 状态）接收信息的过程可做以下分析："是否能引起注意和兴趣？""是不是我想要的？""如何让我相信？"。对商家而言，需要解决的问题依次是 "引起注意——吻合需求——价值认同"，这个过程，可以称之为消费者 "选择漏斗"，如图 6-4 所示。

---

[1] 约翰·沃纳梅克，世界百货业之父，美国前邮政部长，世界儿童主日学学校校长。他曾在百货业界、广告界、政界首开各样先河，创设了无数个 "第一"，具有卓越的判断力和创意，经营能力备受肯定。

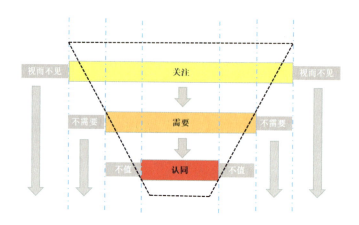

图 6-4 消费者选择漏斗

　　商家最终能否赢得消费者的选择，很大程度上取决于其是否能够解决"选择漏斗"从上到下揭示的问题。显然，依据"选择漏斗"揭示的事实，若想最终赢得消费者选择，"引起他们的关注和兴趣"是第一步，而那"85% 根本没人看的广告"往往就是没迈好第一步而导致的。相应的，这个问题的解决与否对于线下渠道而言，就是进店与否的问题；对线上渠道而言，就是有没有"意向流量"的问题。

　　那么，什么样的信息可以满足以上条件呢？什么样的广告人们愿意看，可以博取眼球进而达到引流的目的呢？企业在进行广告宣传时，具体注意以下三个方面，如图 6-5 所示。

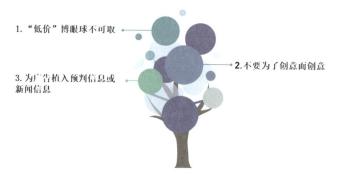

图 6-5 广告宣传的三个要点

1. "低价"博眼球不可取

首先，需要明确的是，"低价"博眼球不可取。"低价"是日常生活中常见的一种促销手段。在日常生活中，无论是线下超市，还是线上商城，总能看到形形色色的低价促销信息。

诚然，由于市场本身的构成和消费者群体的差异，低价可能会吸引到一部分消费者的注意力，但"低价广告"的弊端也是显而易见的：大多数情况下，基于"便宜没好货"的消费者常识，除了以"低价"为差异化的渠道品牌，"低价"天然与建立品牌相悖，一不留神就容易导致品牌的认知优势无法建立。

同时，价格战导致的低利润极有可能使企业在产品和渠道上无力投入，从而进一步让"便宜没好货"在产品层面坐实，进而影响消费者的认知，形成恶性循环，使企业陷入价格战的漩涡难以翻身。此外，当越来越多的同行都在使用低价博眼球和引流时，低价的效力也变得越来越弱。

2. 不要为了创意而创意

除了低价，还有一种常见的博眼球手段。即在广告的形式上动手脚，进行天马行空的创意。好的广告创意可以瞬间抓住人们的注意力，达到事半功倍的效果，但问题是真正好的创意不是想要就会有，相反，我们常常见到的更多是为了创意而创意的恶作剧。

3. 为广告植入预判信息或新闻信息

既然低价引流和无效创意都不可取，那么，到底怎样才能成为潜在消费者愿意看的那"15%"的广告呢？这里推荐一个简单有效的方法：为广告植入预判信息或新闻信息。所谓预判信息，就是指符合人们判断事物优劣的常识和逻辑，有助于人们对事物做"预判"的信息。常见的预判信息有：关于"结果"的信息，关于"资历、身份"的信息等。

比如，"中国每卖 10 罐凉茶，7 罐加多宝""爱玛电动车全球销量率先突破 2400 万辆"等广告语中，强调的就是关于好结果的信息；而"香飘飘，杯装奶茶开创者""老凤祥，跨越三个世纪的经典与时尚""君乐宝，欧盟双认证，中国好奶粉"等广告语就是在重点表明自身的资历和身份。

正如人们往往习惯通过一个人取得的成绩、结果、资历或者身份来判断这个人的能力和实力一样，以上这些信息就直接调用了消费者的常识，让消费者能够瞬间对品牌背后的产品做出预判——它的产品可能更好！

包含预判信息的广告之所以更容易引起潜在消费者的关注，主要原因就在于预判信息用普通消费者能够理解的方式为产品进行背书，预示自身是更好的产品，进而迎合了人们择优而选的本能。

此外，这些"预判信息"本身往往也具有一定的新闻性，譬如"新的市场表现、新一代产品、第一个 XX……"等，因而也更容易吸引到消费者的注意，这也是为什么特劳特先生强调"要让你的广告信息看起来像新闻"的原因。因为关注新闻是人类进化出来的本能，心智对新闻不设防。所以，当苹果推出新一代手机时，当加多宝说"中国每卖 10 罐凉茶，7 罐是加多宝"时，人们的注意力就被吸引了，"预判"的心理机制就开始启动，对企业而言，广告就生效了，意向流量也就自然而然产生了。

当然，对于最终的成交而言，只解决关注和兴趣是远远不够的。因为还会有"需求匹配"的问题，这就意味着，广告除了要提供含有"预判信息"和新闻性吸引注意外，还需要明确产品或品类的具体利益，以及建立顾客信任感的问题。

戏剧化表达：有钱更需有故事

谈到打造品牌，往往绕不过品牌故事，好的品牌故事对内可引领战略，对外可传播定位，其重要性不容置疑。关于品牌故事，特劳特先生曾说过："做好营销就是讲好品牌故事。广告就是向消费者以及潜在消费者讲述品牌故事。它是与公关和促销并列的工具。"邓德隆老师也表示："每一个品牌，都应该要有一个品牌故事来传递它的定位和战略。"

那么，要如何讲好品牌故事呢？图 6-6 是讲好品牌故事的几个要点和方法。

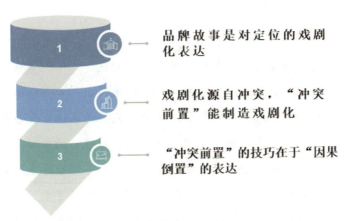

图 6-6 讲好品牌故事的三个要点和方法

1. 品牌故事是对定位的戏剧化表达

品牌故事也是故事，既然是讲故事，首先就要解决讲什么故事，即故事内容。

在竞争的商业环境中，打造品牌的直接目的主要是解决竞争，是向消费者提供一个"购买我而非对手的理由"，这个理由就是品牌的定位，撰写品牌故事的核心目的就是传播品牌定位，即传播"购买我而非对手"的那个理由。因此，从内容的角度看，品牌故事可以在一定程度上作为初步判定企业战略是否清晰的凭据。

解决了讲什么内容，接下来要解决怎么讲的问题，特劳特先生给出的答案是"戏剧化表达"，这个定义得到了业内人士的普遍认同。

综上，大家可以得到品牌故事的完整定义，即品牌故事是对定位的戏剧化表达。

在叙事时，很多人都喜欢采用因果式表达方式，这种平铺直叙的"原因 + 结论"式表达往往很难激发人们的传播兴趣。戏剧化表达就是相对于这种表达而言的，目的是降低沟通成本，提升传播效率。古往今来，真正的故事往往非常容易被口口相传，其主要原因就在于它们的戏剧化表达。

比如，特劳特先生为西班牙橄榄油写的品牌故事："2000 年前，罗马人就是我们最忠实的客户。现在，他们还是……"虽然西班牙一直都是橄榄油生产最大的国家，但是在全球市场上，意大利橄榄油却拥有更高的认知度。因此，该故事通过这种戏剧性的表达方式告诉大家，从 2000 年前到现在，意大利人一直都在采购全球最好的橄榄油——西班牙橄榄油，从而向消费者传达西班牙橄榄油才是全球领导者的信息。如果不做戏剧化处理，该故事可能是这样的：因为 2000 年前，意大利就开始从西班牙采购橄榄油，所以，意大利其实只是中间商，西班牙的橄榄油才是正宗的。显然，效果比前者差很多。

方太的品牌故事："方太，中国卖得更好的高端油烟机，不是洋品牌，而是方太，因为方太更专业。方太，中国高端厨电专家与领导者。"如果不进行戏剧化处理，故事可能就会是这样："因为方太更专业，所以是中国卖得更好的高端油烟机。方太，是中国高端厨电专家与领导者。"显然没有前者更容易打动人。

如果说定位是品牌故事的灵魂，那么戏剧化就是让灵魂生动呈现，使潜在消费者最快感知到、记忆到甚至愿意主动传播，从而大幅降低传播定位的成本。

2. 戏剧化源自冲突，"冲突前置"能制造戏剧化

正如电影如果没有冲突或悬念的剧情很难引发观众的兴趣一样，没有冲突的品牌故事也很难引起潜在消费者的注意和兴趣，更难让潜在消费者帮忙传播，尤其是在当下这种媒体和信息爆炸的环境下。

既然戏剧化源自冲突，那么，戏剧化表达的重点就是要制造冲突。所以，品牌故事要想在第一时间引起潜在消费者的注意，就应该学会采取"冲突前置"原则，即将与消费者既有认知或假设相左的事实和信息前置。

比如，在加多宝的品牌故事"怕上火，现在喝加多宝，全国销量领先的红罐凉茶改名加多宝，还是原来的配方，还是熟悉的味道"中，戏剧化表达就是通过将"怕上火，现在喝加多宝"这个冲突性事实前置完成的，因为在大众头脑中已有"怕上火，喝王老吉"的认知。

七喜的品牌故事："您不会给孩子喝咖啡，那你为什么给孩子喝同样含咖啡因的可乐呢？让您的孩子喝不含咖啡因的非可乐饮料吧，喝七喜汽水是您明智的选择"是通过将"不让孩子喝咖啡，却给孩子喝含咖啡因的可乐"这个冲突前置来体现戏剧化表达。

"冲突性事实或信息"挑战了人们既有的认知和假设，且具有一定新闻性，因而能够瞬间激发人们的好奇心，在人们的脑海里划一个问号，进而激发人们产生主动了解答案的冲动（答案通常关乎消费者利益），所以，"冲突前置"往往能够产生出奇制胜的效果。从本质上来讲，"冲突前置"就是利用了心理

学里面"认知失调"原理：当已发生的事实与既有认知或假设发生冲突时，人们通常会产生心理上的不适，进而产生消除不适的需要，从而主动继续关注下文，寻找答案。

当然，人们就某一品类既有的认知和假设往往与竞争对手相关，可以说，戏剧化源自冲突，冲突源于竞争导向。

3. "冲突前置"的技巧在于"因果倒置"的表达

"冲突前置"只是品牌故事关键的第一步，品牌故事要真正达到传播定位的效果，还需要在制造"冲突"之后，给出产生该冲突的原因或解决该冲突的方案，让冲突合理化，从而保证所输出的品牌定位合乎逻辑，具有可信度。

> 比如，方太在说完"中国卖的更好的高端油烟机，不是洋品牌，而是方太"后，立即给出理由"方太更专业"，然后顺势输出"厨电专家领导者"的定位。
>
> 加多宝说完"怕上火，现在喝加多宝"后，立即给出"全国销量领先的红罐凉茶改名加多宝，还是原来的配方，还是熟悉的味道"的原因——实际是在输出"改了名字的凉茶领导者"的定位。
>
> 青花郎的品牌故事也是在说完"青花郎，中国两大酱香白酒之一"这冲突性信息后，告诉人们酱香白酒代表并非只有茅台之后，立即给出原因："云贵高原和四川盆地接壤的赤水河畔，诞生了中国两大酱香白酒……"借助二者的产地联系将"两大酱香白酒之一"合理化，从而输出了青花郎"中国酱香白酒第二（仅次于茅台）"的定位。

所以，**品牌故事要做到戏剧化的一个非常重要的方法就是先说结果（"冲突信息"），后说原因的"因果倒置"式表达**，这样就可以在第一时间激发受众的好奇心，使其产生寻找原因的需要，从而使输出的定位更容易被接受。当然，有的品牌故事内容本身就具有传奇性，因而就无须过于考究表达本身，只需客观描述出事实就可以产生不错的效果。

> 比如，王品牛排的品牌故事："源自台湾经营之神私人会所的传奇牛排，台塑集团王永庆董事长，不习惯吃带血牛排，私厨历经多次研发找到中西烹调融合的绝妙配方，台塑牛排诞生了。"

总结来看，**就内容而言，定位是品牌故事的命脉所在；就形式而言，戏剧化才是品牌故事的精髓。**需要强调的是，掌握戏剧化的技巧只是讲好品牌故事的要点之一，基于当下媒体和信息爆炸的传播环境和"消费者心智有限"的事实，一则好的品牌故事除了要做到戏剧化，还必须做到简单可信，要尽可能在30秒之内将品牌定位讲得生动可信。

另外，任何时候都不能忘记，**品牌故事是为输出品牌定位服务的，**如果定位调整了，品牌故事就必须做出相应的调整。

第七章

实践出真知：他山之石，可以攻玉

实践是检验真理的重要标准，企业发展离不开定位落地。定位理论在中国市场落地过程中，曾经遇到了各种各样的困难和挑战。他山之石，可以攻玉，基于内、外部环境，深刻洞察定位实践案例和行业整体趋势，在经验中探索，在反思中成长。

拼多多"百亿补贴"的秘密

2022年1月6日，拼多多年货节活动启动，平台联手超百万个商家及上千个农副产品品牌为消费者赠送春节福利，并开展"百亿补贴，春节不打烊"促销活动，号称在"春节不打烊"主会场，拼多多将"补贴不停，现货速发！"活动期间，拼多多还计划向平台8.7亿用户累计发放30亿元购物红包。

和层层叠加、满减等优惠方式不同，自2009年6月首次推出"百亿补贴"以来，拼多多的百亿补贴活动一直以简单粗暴著称，参与活动的商品一律直接在原价的基础上进行降价。

一款原价1999元的手机，拼多多平台直接补贴520元，消费者只需支付1479元就可以买到该手机。

拼多多降价力度之高，甚至有些让人难以置信。对此，拼多多百亿补贴负责人宗辉表示："我们的目标是让消费者每天都过618，每晚都过双11。"

2020年7月，在拼多多百亿补贴推出一年多后，拼多多上线了一次"万人团购特斯拉"活动，经平台补贴后，官方指导售价为29.18万元的特斯拉Model 3，消费者只需支付25.18万就可以购买成功，限购5台。

但是，很快特斯拉官方平台便发布声明称，未与拼多多有过任何形式的委托销售服务。而在武汉市一位成功抢订的车主去特斯拉直营店提车时，特斯拉以第三方转卖不符合规定为由拒绝了车主的提车要求，引发了全网热议。之后，上海一位成功抢订的车主顺利完成提车，又再次引发了大众的激烈讨论。

无论怎样，通过此次活动，拼多多让全网知道了自己可以卖车，而且还能以更优惠的价格买车，其"百亿补贴"的策略开始被更多的人知晓。

提到拼多多，相信很多人都会想到"拼着买，更便宜"的魔性广告，"更便宜"已经成为拼多多在人们心智中的普遍认知。凭借"更便宜"的定位，"后来者"拼多多迅速发展壮大，不断刷新行业记录。据拼多多财报显示，拼多多 2020 年全年营收为 594.919 亿元，较上一年同比增长 97%，增长接近翻倍；年活跃买家数达到 7.88 亿，较上一年同比增长 35%，并且成功超越阿里巴巴的 7.79 亿，正式成为中国用户规模最大的电商平台。2021 年 11 月，拼多多发布了 2021 年第三季报，财报数据显示，拼多多 2021 年第三季度营收 215.1 亿元，较上一年同比增长 51%，而在用户规模上，2021 年第三季度拼多多平均月活跃用户数为 7.415 亿，同比增长 15%。

与线下的沃尔玛、家乐福，线上的淘宝、京东相同，拼多多并不是产品品牌，它卖的是渠道服务，属于商业界的少数物种——渠道品类。渠道品类是企业外部产销分离的结果，因为各种原因制造企业直接与消费者交易的成本过高，于是将销售活动剥离给第三方集中处理，这个第三方就是我们通常所说的"渠道"。帮助消费者降低交易费用是渠道的生存之道。

针对降低不同类型产品、不同类型消费者的交易费用，渠道品类有三大特性：便宜、便利和特色，从强到弱的排序为：更便宜 > 更便利 > 特色，任何渠道品牌都应当优先考虑占据优势靠前的特性。淘宝的成功崛起，很大一部分原因是其大大降低了消费者购物的直接成本，抢占了比线下购物"更便宜"这个首要特性。如今，同样是"更便宜"帮助拼多多找到了撕开对手阵地最锋利的刀刃。

"更便宜"之所以能成为渠道品牌有价值的定位，其关键就在于"同样的产品在这里可以卖得更便宜"中的"同样"两个字：不仅产品相同，而且品牌相同，这就要求渠道品牌必须高效运营，降低渠道成本。相较于淘宝，拼多多平台坚持不收费，"0佣金""0平台服务年费"。即商家每完成一笔交易，平台不收取任何费用，只需向支付机构缴纳千分之六的支付手续费，从根本上降低了商家的经营成本和消费者的购物成本。

一直以来，价格优势都是拼多多杀出重围的利器。拼多多最初推出的"百亿补贴"活动，目的就是用更低价格的产品，吸引新圈层的用户在拼多多上下单，体验拼多多。

在通过社交裂变完成了下沉市场的教育之后，一二线城市有更高消费能力的消费者成为了拼多多的重点捕捉对象，这类消费者更加注重生活品质，品牌提供的保障价值降低了其选择难度。为此，拼多多挑选了各种高溢价品牌进行补贴，主要目的是为了高效吸引这类人群的注意力。而其"百亿补贴"的长期实施，让竞争对手的类似战术威力大减。

拼多多曾推出的促销活动——"万人团购特斯拉"让拼多多补贴政策备受关注。汽车这类大笔金额的交易极少能通过网络平台交易，但特斯拉一开始就是以直营的方式在网上卖车，意思就是"底价销售"，而拼多多的团购策略恰恰触碰了特斯拉的底线——价格体系。

对于自建销售渠道的特斯拉来说，原则上不需要也不欢迎渠道商的参与。团购渠道一旦打通，意味着特斯拉对价格掌控力降低，不再对定价拥有完全的自主权。消费者会倾向于通过团购的方式在其他平台以更低的价格购买特斯拉，这会导致官方渠道的订单流失。长期来看，补贴销售会导致消费者觉得官网价格高，这对于品牌是一种伤害。

品牌商和渠道是相互依存的关系，在与淘宝、京东争夺存量用户的竞争中，品牌货是必不可少的抓手。但由于固有认知，大部分品牌商还未入驻拼多多平台，比如苹果官方曾表示拼多多并不属于苹果官方销售体系，"可能会有获得授权的商家入驻拼多多，但是如果价格太低，用户还是要多加小心"。除了苹果、戴森、Bose、索尼以及 SKII 等众多高溢价品牌与拼多多的关系也是类似，大多还是渠道链条中的商家在拼多多上卖货，这也是平台基于后发劣势迂回选择的一种方式。

而淘宝、京东的薄弱品类，拼多多已经开始攻城略地。比如，2020 年新冠肺炎疫情暴发以来，众多车企和经销商纷纷转战线上，拼多多准确地抓住了线上卖车的风口，与许多车企达成合作。汽车品牌通过拼多多接触到此前传统汽车经销网络没有覆盖到的人群，这对品牌影响力的扩大、销量的增加都能够带来很大的帮助。无论是豪华品牌凯迪拉克，还是合资品牌大众、雪佛兰，抑或是奇瑞、长安欧尚等自主品牌，都在与拼多多的合作中受益。

在坐稳渠道品类第一特性"更便宜"的征途中，拼多多影响力日益提升，拼多多逐渐成为越来越让人不可忽视的电商平台，许多品牌也在逐渐动摇，不再"拒绝"拼多多。

比如，拼多多曾联合 TCL[1] 开启"品牌补贴日"活动，活动当天，拼多多"百亿补贴"直播间对 TCL 广东家电仓储基地进行了直播，近 30 万人观看。活动期间，在拼多多与 TCL 的联合补贴下，TCL 全系爆款电视、空调等众多产品都达到了全网最低价。直播活动使得拼多多上 TCL 品牌产品销量实现爆发式增长，品牌相关店铺粉丝增长速度惊人，仓库货柜甚至被消费者全部"搬空"。

[1] TCL 科技集团股份有限公司成立于 1982 年，主营业务是半导体、电子产品及通信设备、新型光电、液晶显示器件，货物或技术进出口。

　　特斯拉之于拼多多，是"更便宜"战术中一朵意外的水花。"万人团购特斯拉"活动不但帮助拼多多成功吸引了一波流量，还提升了平台品牌和用户质量。借助特斯拉，拼多多成功打响了"百亿补贴"的名气，进一步强化了消费者心智中对拼多多"更便宜"的认知，抬高了拼多多的竞争壁垒。

　　从实质上看，拼多多的"百亿补贴"战术，可以称得上是渠道"交叉补贴"策略的放大版。"交叉补贴"是指通过有意识地以优惠甚至亏本的价格出售某些产品，从而达到促进销售更多盈利产品的目的。混搭定价，低价引流，高价获利，这是渠道品牌非常熟悉的基本战术。

　　拼多多在确认"百亿补贴"战术有效之后，直接将"百亿补贴"由短期变成了"常设"，并在2019年10月18日抢先申请注册"百亿补贴"商标，如图7-1所示。虽然该商标并未通过审核，但这在某种程度上反映出了拼多多对于该策略的重视。

7-1 拼多多申请百亿补贴的商标

　　在内部运营上，拼多多还专门成立了"百亿补贴小组"，确保全天24小时随时对线上线下所有渠道的商品价格进行比对，以保障产品价格真正做到全平台最低。

　　基于"更便宜"的有效战术，"百亿补贴"已经逐步升级成为拼多多的企业战略，一如当年沃尔玛把普通的"低价促销"战术变成"天天低价"的战略，其结果就是让一众跟进者的类似动作变得无效。

用户数和总营收增长迅猛，用户留存率持续提升，"百亿补贴"被证明确实有效，面对接下来的终极挑战，也恰恰给了拼多多探索如何与高溢价品牌共赢的可能性。在电商平台后半场竞赛中，拼多多的低价战略面临的是与品牌商的竞合和博弈，面临的是与其他电商平台的一次次正面对抗。至于结果如何，大家拭目以待！

完美日记会成为中国的欧莱雅吗?

　　"中国一定有机会诞生新的欧莱雅",2019年年末,高瓴资本的张磊对完美日记创始人黄锦峰说道,此时的完美日记正处于飞速发展之中。

　　完美日记是广州逸仙电子商务有限公司旗下品牌,成立于2017年4月,并于同年8月上线天猫旗舰店。被称为"国货之光"的完美日记,可以说是诞生在时代潮流下的"幸运儿",它抓住了国潮崛起的时代风口,又借助小红书、电商直播等新兴社交流量红利,迅速成为新国货彩妆领域的一匹黑马,用不到2年的时间,成功登顶天猫"双十一"彩妆榜的国货品牌。2020年11月,完美日记品牌创立不足3年,其母公司逸仙电商已正式在美国纽交所挂牌上市,成为美股"中国美妆集团第一股"。

　　据逸仙电商向美国证券交易委员会公开递交的招股书显示:2019年,公司整体营业收入约为30.3亿元,同比增长约377%,已经达到了同期中国美妆市场零售额增幅的30倍。即使是在2020年新冠肺炎疫情的影响之下,逸仙电商前三季度收入仍增长约73%。逸仙电商旗下包含完美日记、小奥汀、完子心选、法国高端美妆品牌Galénic等多个品牌。其中,完美日记是主力品牌,2019年和2020年前三季度,完美日记销售占比分别为99%和80%左右。

　　完美日记闪电式的增长速度,使其备受资本市场的青睐。一时间,完美日记风光无限。那么,完美日记是如何成功破局,在短时间内发展成为国内彩妆市场的佼佼者?综合来看,完美日记之所以能够取得如此迅速的增长,主要原因有以下四点，如图 7-2 所示。

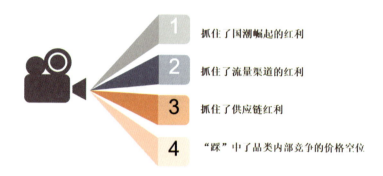

图 7-2 完美日记取得快速发展的四个主要原因

1. 抓住了国潮崛起的红利

众所周知，近年来，得益于国家经济的飞速发展，综合国力的不断增强，民族自信心的大幅提升，市场上掀起了"国潮风"热潮，进而推动了众多国货品牌的发展，许多民族品牌因此迎来了快速发展时期，同诸多抓住这一风潮的品牌一样，完美日记也乘风起势。

与护肤品不同，美妆并不属于必需品。其本质是一个时尚行业，核心在于怎样将不断变化的色彩、符号、形态、情感等各种时尚的流行元素准确捕捉到，让自己成为审美潮流的代表。文化是决定审美潮流非常重要的一个因素，从某种意义上讲，完美日记的兴起，很关键的一点就在于其顺应了国潮文化的发展，准确抓住了这一波时代红利。

2. 抓住了流量渠道的红利

伴随时代的发展，市场上开始涌现小红书、抖音、b站等各种形式的新媒体传播渠道，完美日记成功地抓住了这些新兴流量渠道兴起的红利。高峰时期，完美日记在几个重点渠道投放的营销费用高达几十亿，与其合作的 kol（重要的博主、达人等）有几万人。

比如，完美日记在推出小细跟口红、小狗眼影盘等爆品时，就曾借助香奈儿大使周迅以及口红一哥李佳琦的影响力，来增加品牌曝光率，提升品牌知名度。

借助流量渠道红利，配合大手笔的营销推广投入，是完美日记取得飞速发展的不可忽视的因素。

3. 抓住了供应链红利

鉴于中国稳定的营商环境以及超大规模的市场优势等因素，许多跨国巨头陆续开展了在华业务，为了方便业务的开展，许多跨国企业的产业链布局在了中国沿海城市，这其中也包括化妆品领域的跨国集团。因此，在中国的沿海城市，特别是在江浙地区的沿海城市，存在化妆品领域各种上下游企业，经过与跨国集团多年的磨合，整个供应链已经相对成熟。完美日记巧妙地抓住了产业供应链成熟的这一机遇，不用自己从零开始研发、从头开始建设供应链，把更多的精力投入到品牌营销工作中。

4. "踩"中了品类内部竞争的价格空位

在完美日记等一众彩妆国潮品牌还未诞生之前，该领域内的高端品牌几乎都是跨国巨头品牌，即使偶尔有一些民族品牌进入，也往往很快就被实力强大的跨国集团收购。很长一段时间内，跨国集团自有品牌始终据守高价位市场，攫取高额利润，导致该领域变成了由低端山寨和高端国际品牌构成的哑铃型市场[1]，给一众国产彩妆品牌留下了中间的价格空位，完美日记也刚好"踩"中这个空位前进。

欧莱雅集团是来自法国的彩妆护肤公司，创立于 1907 年，作为财富 500 强之一，全球有数万名员工。2021 年 5 月，欧莱雅位列"2021 年福布斯全球企业 2000 强"第 158 位。了解自身与目标之间的差距，才能在确定方向的情

---

[1]哑铃型市场，通常指富豪、中富以及中下层、底层人数相对较多，就像哑铃，两头大、中间小。

况下更好的研究路径。那么，一直以成为"中国欧莱雅"为愿景的完美日记，与欧莱雅相比，到底还有哪些差距呢？具体可以体现在以下三个方面，如图 7-3 所示。

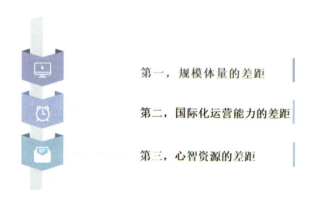

第一，规模体量的差距

第二，国际化运营能力的差距

第三，心智资源的差距

图 7-3 完美日记与欧莱雅的差距

第一，规模体量的差距

完美日记所属公司逸仙电商 2020 年总营收为 52.33 亿元人民币，净亏损 26.88 亿元人民币。2021 年前三季度营收 43.12 亿元人民币；而据欧莱雅集团发布的财报显示，欧莱雅集团 2020 年总营收为 279.9 亿欧元（约合 2039.52 亿元人民币），营业利润 52.09 亿欧元（约合 379.23 亿元人民币）。2021 年前三季度营收为 231.9 亿欧元（约合 1689.76 亿元人民币）。

从数据可以看到，逸仙电商和欧莱雅 2020 年全年以及 2021 年前三季度在营收规模上均相差 39 倍左右，而在盈利方面，逸仙电商甚至还处于亏损状态。

事实上，在经过了一段时间的狂飙突进之后，逸仙电商所面临的挑战也越来越凸显。上市后，其股价一直反应平平，2020 年 11 月上市首日，逸仙电商开盘价为 17.61 美元 / 股，2021 年 2 月股价达到最高位 25.47 美元 / 股，随后却进入了严重下滑状态，截至 2022 年 2 月初，逸仙电商的股价已经跌至 1.55 美元 / 股。同期，欧莱雅的股价为 84.63 美元 / 股。

从专利来看，根据天眼查上的数据，截至 2022 年 2 月，逸仙电商的专利仅 46 项，其中，实用新型专利 1 项，占据 2.17%，外观设计专利 45 项，占据 97.83%，如图 7-4 所示。而欧莱雅当前拥有的专利超过 1300 项。

图 7-4 逸仙电商专利类型分布示意图

根据以上数字，大致可以看到逸仙电商和欧莱雅集团的差距。

第二，国际化运营能力的差距

欧莱雅集团诞生已有 100 多年，20 世纪 20 年代，欧莱雅集团在成立之初便凭借其爆款产品——无毒染发剂成功打入欧美各国。其后上百年更是通过投资以及并购等一系列手段成功囊括了一大批国际品牌，其中就包括大家熟知的兰蔻、HR、科颜氏、碧欧泉、美宝莲、圣罗兰，等。其国际化的品牌运作和资本运作能力经过了漫长时间的洗礼。

完美日记背后的逸仙电商成立于 2016 年，至今才仅仅 5 年多。完美日记只用了 3 年便创造了超 30 亿元人民币的营收，并且多次投资并购，先后收购了上海彩妆品牌小奥汀、雅漾母公司旗下的高端美妆品牌 Galénic、定位高端的护肤品牌 Eve Lom 等多个品牌，其背后站着高瓴资本、真格基金、红杉中国等一批顶级投资机构。不可否认，完美日记的成长非常迅速，但是和拥有上百年历史的欧莱雅集团相比，在国际化运营能力层面，二者之间的差距仍然不容忽视。

第三，心智资源的差距

这个差距也可以称之为差异。近代化学工业体系几乎都是由西方世界建立的。直到 20 世纪下半叶，东方的日本才在这一领域有所建树。但是"化学药物、药品技术先进"这一心智资源却被西方世界掌握着。欧莱雅的创始人欧仁·舒莱尔[1]本身就是一名化学家，其毕业于巴黎化学研究所，曾在法国制药中心任职。

可以预料的是，化妆品领域如果继续追随由国际品牌主导的化妆品研发、工艺、生产等塑造出来的功能比拼的竞争导向，欧莱雅这些拥有此心智资源的国际品牌将具有极大的认知优势。

完美日记要成为中国的欧莱雅需要做什么？逸仙电商 CEO 黄锦峰说："时间是品牌的朋友，就像酒一样，越久越香醇。"诞生不过 5 年的逸仙电商，无论从营收、利润、国际化运营成果等各个方面看，都与国际巨头欧莱雅存在较大差距，但这也正说明其蕴含着巨大的成长空间。

逸仙电商将公司的目标愿景对标欧莱雅，其战略路径意图似乎已经显现。未来，完美日记将会学习欧莱雅，通过上市来扩大旗下品牌影响的同时，提高融资能力，然后逐步投资并购或自创一系列化妆护肤领域品牌，形成欧莱雅式的品牌矩阵。需要注意的是，品牌矩阵是果，因是每个品牌都必须要占据一个定位，这样才能形成牢固的品牌矩阵，诸如宝洁、欧莱雅。因此，在某种程度上说，决定逸仙电商能否成为欧莱雅非常关键的一点，在于逸仙电商所创造或者投资并购的品牌能否各自占据一个好的定位。

作为逸仙电商企业战略下的单品牌，目前，完美日记似乎并没有一个强有力的代表品项。在彩妆领域，完美日记的品项虽然很多，但似乎缺少一个进入消费者心智的主打品项，反而是其收购的小奥汀在唇釉品项上很突出，其劲敌花西子在气垫粉上小有名气。虽然完美日记花费巨资请来了国际巨星周迅等知名代言人，但更多地在大肆推广其口红品项。然而，当前的彩妆市场，口红品类中的竞争者众多，完美日记很难取胜。因此，花费了巨资却没有投资在有机会占领心智的品项上，这是一件非常危险的事情。

---

[1]欧仁·舒莱尔，法国欧莱雅集团创始人，1881 年出生在法国巴黎。毕业于巴黎化学研究所，毕业后，他选择进入了法国制药中心。

新兴企业要挑战传统巨头，或者和同类的国潮彩妆品牌竞争，有没有一把"尖刀"能突破对手身上坚实的铠甲呢？

当前，直播卖货等新兴的流量渠道红利正在逐渐消失，而新的流量渠道暂时还未出现。在这种情况下，如果品牌本身没有一个"尖刀式"的主打品项，缺少清晰明确的品牌定位，没有一个明确的代表品项可以成功进驻消费者心智，那么，即使前期在推广曝光上花费了巨额资金，后面也很有可能失去竞争优势，甚至陷入生存困局。

> 比如，二手车行业"全国购"的首创者优信集团，是中国二手车领域第一家登陆美股的企业，在二手车电商赛道中风光无限。但其上市后情况一直不乐观，经营负面问题频现，巨额的亏损让其股价一直呈现下跌状态，优信集团两度熔断，股价一度跌超50%至1.44美元。优信集团的发展现状令人深思！

当前，完美日记并不"完美"，还需要时间去打磨"尖刀"产品，积累品牌势能。以往的市场经验证明，昙花一现的网红产品很多，一时的市场知名度并不能代表品牌的真正价值。品牌要想走得长远，取得持续的发展，最重要的就是要找准定位，在消费者心智中占据一个重要位置，加深品牌护城河，长期保持对消费者的吸引力。

从"国货之光"到"中国欧莱雅"，这场马拉松，完美日记还有很长的一段路要走。

依赖经销商渠道饮鸩止渴，家居建材企业如何自救？

　　由于产品重库存、重服务、重售后，渠道建设重资金等特征，流通渠道[1]在家居建材行业发展的过程中得以迅速崛起，并发挥着非常重要的作用。其中，最重要的流通渠道当属经销商渠道[2]。经销商渠道的存在，不但很好地解决了家居建材厂家产品销售的一系列问题，还在外部获客上拥有显著效率。在行业发展初期，厂家和经销商双方互利互助，共同盈利。

　　在过去很长一段时间内，国内家居建材企业的经营策略一直相对较为简单：厂家通过大量的招商将货铺到各经销商处，再由经销商铺到二级分销商、零售商处进行销售。对于厂家来说，这种方式动销快、效果好，屡试不爽。对经销商而言，在市场竞争还未过于激烈的年代，取得一个好厂家的总代理权就相当于拿到一棵"摇钱树"。

　　随着时间的推移，厂家开始逐步形成了对经销商的高度依赖，甚至有时还会出现厂家被经销商"绑架"的局面。在新的商业环境下，随着竞争的不断加剧，家居建材行业的内在矛盾开始显现，并且愈演愈烈。

　　一方面，对经销商渠道的长期依赖，不仅让企业成为能力单一的"跛足企业"，也让一些企业经营者陷入过去的成功经验中，从而失去了变革和进化企

----

[1]流通渠道：是指商品从生产领域到达消费领域所经过的通道，包括商品流通的途径、环节、形式等。

[2]经销商渠道：一般指渠道经销商。渠道经销商引导经销商如何操作产品、协助经销商建立渠道、作为厂商的桥梁便于两者间的沟通顺畅、控制经销商操作行为。

业的意识和能力。

另一方面，渠道本身不断分化致使传统经销商的生存基础开始逐渐坍塌，经销商获客效率越来越低，生存困难，很多经销商破产倒闭，经销商出货受阻，导致厂家陷入经营困境。但很多企业依然无法摆脱对经销商渠道的依赖，把大量的资源投在获客效率低下的经销商渠道，这无异于饮鸩止渴！

之所以会出现以上局面，主要原因有以下三个，如图 7-5 所示。

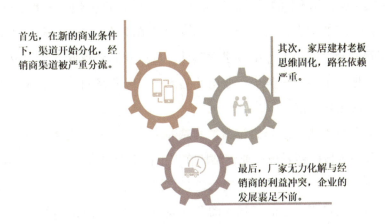

图 7-5 家居建材行业出现内在矛盾的三个主要原因

首先，在新的商业条件下，渠道开始分化，经销商渠道被严重分流。伴随电商、整装、精装、直播、设计师等各种渠道的不断兴起，传统经销商渠道面临着来自四面八方的冲击。如今，当人们有购买家居建材产品的需要时，不再只是去家具城或其他线下终端门店向零售商购买，也不再只是一件一件地购买。他们可以在线上选购，可以直接通过厂家直销形式购买，还可以通过打包给家装公司、设计师进行整体装修。经销商的客户不断被新渠道，甚至是厂家挤压和蚕食，曾经让经销商引以为傲的生存基础正在逐渐坍塌。

其次，家居建材老板思维固化，路径依赖严重。传统经销商渠道受到冲击的直接后果是给长期以来依赖经销商渠道的家居建材企业带来了严重影响。遗憾的是，很多家居建材企业并没有意识到问题的根源所在，甚至习惯性地认为，是因为自己没有维护好经销商渠道或者经销商客户被竞争对手抢走，才导致了效益下滑。在这些人的意识中，要重铸辉煌或走向辉煌，还要依赖经销商渠道，他们期待可以用过去的经验能解决未来的问题。于是，他们开始重新拓展经销商渠道，努力做好经销商的维护工作，一时间，家居建材行业招商性质的广告开始出现在高铁站、机场等各种重要场所。

由于生存基础越来越薄弱，获客效率越来越低，导致越来越多的传统经销商无法继续经营，市场上的经销商越来越少。因此，高度依赖经销商渠道的厂家，不得不投入更多的资金，去争夺越来越少的经销商客户。而厂家在经销商渠道争夺上花费的资金越多，产出效率就越低，从而利润就越低；利润越低，厂家就越要拼命地去招商……整个行业由此陷入一个经营怪圈：厂家本想依赖经销商，经销商却无处可依。

最后，厂家无力化解与经销商的利益冲突，企业的发展裹足不前。当前，部分先觉醒的老板已经看出行业症结所在，也在主动寻求破除渠道依赖的方法。他们开始有意识地号召和联合经销商进行传播、大量的投放广告，试图在消费者端建立品牌。希望通过品牌强大的获客能力，摆脱渠道依赖的同时来助力渠道动销。

然而，在经销商的掣肘下，企业往往很难真正落实针对消费者端的营销行为。一方面，打造品牌是一个长期的过程，品牌导向的营销投入往往需要积累一定时间才能看到效果；另一方面，由于品牌的拥有者是厂家不是经销商，所以，当厂家要求经销商分摊广告费时，往往会遭到他们的拒绝。这使得一些不坚定的厂家失去了打造品牌的信心，回到靠渠道和促销驱动的老路上。

总体来讲，一部分高度依赖经验，尚未觉醒的企业陷入渠道依赖的"死循环"；另一部分已觉醒的企业则因为无力化解与经销商之间的利益冲突而裹足不前。

继续依赖传统经销商渠道会逐渐走向灭亡，不依赖经销商渠道则可能会马上灭亡，这就是当前家居建材企业的基本现状。

这种高度依赖传统经销商的经营方式不仅致使企业裹足不前，也让整个行业效率低下，家居建材行业集中度普遍很低就是证明。当前，**家居建材企业亟**

须展开自救行动，重铸企业新的生存基础，整个行业也亟须有实力有抱负的品牌来引领和重塑。

传统经销商被各种新兴渠道冲击，生存基础面临严峻的挑战，这是否意味着经销商渠道对企业就没有用处了呢？企业现在所做的针对招商的那些动作就毫无意义了呢？

当然不是，首先，不可否认，经销商渠道对于家居建材企业而言的确存在积极作用。同时，从短期来看，企业的招商动作也确实有其必要性。问题的实质是：**经销商渠道以及企业的招商动作，已经不能像过去那样可以承担起企业长期发展的重担，企业要想获得长期的发展，就必须从经营动作的"质"上做出改变。**

有些家居建材企业经营者可能会说："我们也在改变啊，在推广传播上，我们开始投放高铁站、机场、家具城外墙广告；在流通上，我们不断拓展各种渠道，也在一步步摆脱经销商渠道依赖。"

但是，他们没有意识到投放于高铁站、机场的广告仍然是招商性质，更多还是面向经销商。家具城内外墙体广告，也仅是对消费者的临门一脚，带着强烈的促销色彩。因此，事情的真相是，他们依然没有摆脱"以经销商渠道为中心"的思维定式。

家居建材企业真正的出路是：**针对消费者端打造品牌，进而从根本上转变获客方式，跳出渠道依赖的"死循环"，重铸企业新的生存基础。**要达到这一目的，家居建材企业经营者要做到以下四个必须，如图 7-6 所示。

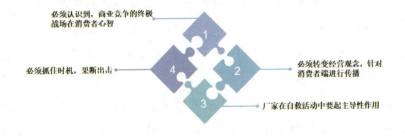

必须认识到，商业竞争的终极战场在消费者心智

必须抓住时机，果断出击

必须转变经营观念，针对消费者端进行传播

厂家在自救活动中要起主导性作用

图 7-6 家居建材企业经营者需要做到的四个必须

1. 必须认识到，商业竞争的终极战场在消费者心智

为什么针对消费者端打造强大品牌可以破除对渠道的依赖？因为消费者的心智认知是影响消费决策的最前端因素，进入心智的品牌会自带流量，在获客上取得"先发优势"和主动权，从而避免了在渠道端与竞争对手短兵相接，最后鹬蚌相争，渔翁（红星、居然等家居建材渠道）得利。更重要的是，进入心智的品牌，能有效抵抗各种新兴渠道的分流，让企业时刻掌握主动权。

此外，成功抢占心智的品牌，也会拥有更高的溢价，更强的话语权和定价权。当前家居建材市场上，以慕思床垫、索菲亚衣柜、芝华仕沙发、欧派橱柜、TATA木门、简一大理石瓷砖为代表的一批品牌都已经觉醒，其经营方式正从渠道依赖逐步转向品牌驱动，在一定程度上掌握了主动权。

2. 必须转变经营观念，针对消费者端进行传播

需要强调的是，一般情况下，各种招商和拓渠道动作对于家居建材企业而言，只能维持企业短期的生存。真正可以让企业走向未来的，通常还是针对消费端展开的真正意义上的传播。因此，家居建材企业传播的重点应该是在消费者端打造品牌，而不仅仅是高铁站、机场的招商广告和家居城内外墙的促销广告。

索菲亚的飞速增长，就可以算得上是一个家居行业的典范。2020年，索菲亚进行品牌战略升级，并与分众传媒展开战略合作，在全国百城30多万楼宇电梯上推出全新品牌广告，向3亿主流人群展开饱和式攻击，由此开启了一场消费者心智争夺战。

2021年，索菲亚邀请实力派演员邓伦为全球品牌代言人，携全新品牌广告，再次刷屏全国百城的分众电梯媒体，继续强化品牌在主流人群心智中的认知成果。此外，该广告片还在全国上百家影院投放映前广告，全方位地抢占消费者心智。

据索菲亚2022年1月28日晚披露的2021年度业绩预告显示，2020年索菲亚营业收入为835,283.23万元，预计2021年同期增长20%到25%，增加167,056.65万元到208,820.81万元，营业总收入将破百亿。

从索菲亚所采取的措施以及取得的阶段性成果来看，有三点非常值得广大家居建材企业学习：

第一，索菲亚已经清晰地意识到，商业竞争的终极战场在消费者心智，并开展实际抢占行动。

第二，索菲亚一直自觉地将自己当作一个针对消费者的B2C[1]品牌，并展开相应的资源配置。

第三，索菲亚率先抓住主流人群，展开饱和攻击。一方面，抓住主流人群可以马上辐射周边人群；另一方面，占领制高点，扼敌之咽喉，品牌推广节奏把握得非常到位。

3. 厂家在自救活动中要起主导性作用

在这场自救活动中，如果没有厂家的积极主导、经销商的积极配合，就很难完成。

首先，厂家要坚定主导品牌建设，发挥自身主导作用和决定作用。看清品牌对企业发展的战略必要，以及可带来的长期回报，扫除品牌建设道路上的一切障碍；其次，厂家要合理处理在营销推广上与经销商的利益冲突，作为这场活动的主导，厂家应该自觉担当起大部分的营销费用，尽可能不对经销商提过分要求；最后，打通经销商思想。厂家要让经销商意识到，在品牌建设上，不能全部依靠厂家，要承担起应有的责任，适当地出钱、出力，而不是一味地相互推诿责任。

总之，厂家要全国性主导，经销商要地方性配合。整体与局部有机统一，才能持续构建二者的命运共同体。

4. 必须抓住时机，果断出击

作为家居建材企业经营者，必须要明白"时机"对于商战的重要性，要审时度势，顺势而为。除了要关注内部经营动作这种质的转变，同时也要抓住外

---

[1] B2C(Business To Customer)，B 是 Business, 意思是企业 ,2 则是 to 的谐音 ,C 是 Customer, 意思是消费者。B2C 是指直接面向消费者销售产品和服务的商业零售模式。

部市场留给自己的机会。

在行业缺乏强大品牌和品牌意识的时候，率先觉醒，成功在消费者端打造品牌的企业，往往能够获得更多的先发优势。因为这个时候市场噪音小，率先出击成本低，收到的效果也会更明显。

作为企业经营者，最难的也是最重要的，就是给企业的各种运营动作准确定性。既要看到依赖经销商和为此开展的经营动作的阶段性、合理性，也要看清它的长期局限性和危机性。在新的商业环境下，在消费端打造强大品牌，依靠品牌高效获客来助力渠道动销，能够帮助企业走得更远，使行业焕发生机，充满活力！

餐饮品牌定位要避免三类误区

作为打造品牌的利器，定位理论在餐饮行业广受欢迎，渗透率很高。然而，从目前一些餐饮品牌所呈现出的结果来看，中国餐饮行业在定位理论的运用上还存在诸多误区。

据中国连锁经营协会[1]与华兴资本[2]2021年11月份联合发布的《2021年中国连锁餐饮行业报告》显示，2020年中国餐饮市场规模为4.0万亿元，预计2021年市场规模为4.7万亿元，2024年市场规模可达到6.6万亿，如图7-7所示。

---

[1] 中国连锁经营协会（China Chain-Store & Franchise Association,CCFA），于1997年在民政部注册成立，是连锁经营领域唯一的全国性行业组织。

[2] 华兴资本于2005年在北京成立，是中国领先的服务新经济的金融机构，公司业务包括私募融资、兼并收购、证券承销及发行、证券研究、证券销售与交易、私募股权投资、券商资产管理及其他服务。

图 7-7 中国餐饮市场规模示意图

据《2021 年中国连锁餐饮行业报告》显示，近年来，我国餐饮市场一直健康成长。受新冠肺炎疫情影响，2020 年市场规模虽有所下滑，但预计未来行业将继续健康成长。

遗憾的是，在中国餐饮这个偌大的存量市场中，至今还没有份额占比 1% 以上的企业或品牌。存量大、增速高以及高度分散的事实说明，餐饮行业存在大量品牌机会。但在实际运营的过程中，真正盈利的餐饮企业仍然是少数，"关店潮"在餐饮行业屡见不鲜。那么，餐饮品牌要如何在此起彼伏的"关店潮"中存活下来，在超 4 万亿的餐饮大市场中分一杯羹呢？

如图 7-8 所示，避免以下常见定位误区，有助于提升餐饮品牌的存活率和成功率。

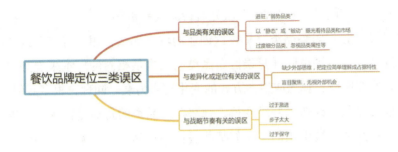

图 7-8 餐饮品牌常见定位误区

1. 与品类有关的误区

（1）进驻"弱势品类"

"先天不足"的品类很难打造强势品牌。

> 比如，广东人有饭前喝汤的习惯，几乎每顿饭都离不开汤。所以，汤在广东算是强势品类。甚至可以作为主推，餐饮企业可以依靠汤这个品类建立认知焦点，打造属于自己的品牌。但对全国大部分省份而言，汤并不是饭桌上的必需品，点餐时也基本放在最后，这就决定了餐饮品牌聚焦汤这个品类很难做大、走远。

同理，如果品类已经衰落，或认知已经固化，那么在这个品类上下再大的功夫也很难取得成绩。

> 比如，创始于日本的味千拉面凭借"舶来品"的光环，一度成为小情侣约会就餐，甚至彰显品位的选择。2007 年 3 月，味千拉面成功在香港主板上市。近年来，由于日式拉面品类的萎靡、认知固化，加上品牌本身的经营失误、老化，让味千拉面风光不再。多年连续亏损，2018 年稍有好转，扭亏为盈，但仍然未扭转销售额增长下滑的颓势。
>
> 虽然味千拉面尝试过多种战略，渴望重新激活品牌品类，效果却一直不理想。2021 年 1 月，味千拉面发布盈利公告表示，受新冠肺炎疫情影响，截至 2020 年 12 月 31 日，公司预期年度净亏损约为 6000 万元至 1.1 亿元。

（2）以"静态"或"被动"眼光看待品类和市场

如果说进驻"弱势品类"是餐饮创业的坑，那么，用"静态"或"被动"眼光看待品类、市场也同样是误区。**品类的强弱是相对的，**本来强势的品类可能会因为外部环境、观念或生活方式的变化转盛为衰。同理，很多看似"弱势"的品类也可以通过改造、升级变得"强势"。品类的背后是需求，需求是可以被创造、被激活、被引领的。比如某些餐饮小单品，乍一看很"弱势"，但其实都可以通过品牌化运作使其"变强"，使其有资格成就品牌。

> 举个具体的例子，肉夹馍就是不被很多人看好的"弱势品类"。具体表现为：首先带有区域性，肉夹馍主要存在于北方局部地区，多以外带或临时充饥的小吃身份存在；其次是低客单价，基本上肉夹馍的单价都在10元以内。区域性让它不被广大市场所接受，低客单价则让它没有承租能力，因而不被很多人看好。但事实上，它仍然有希望可以通过改造进而成就品牌。
>
> 西贝莜面村旗下曾经的孵化项目"超级肉夹馍"曾经就被很多业内人士不看好，客观地讲，该项目确实存在很多问题。但也做对了一些看似不起眼，但却有助于"改造"品类的事情。比如将馍做大，做成传统肉夹馍的1.6倍，加入凉皮、羊排等小吃……

产品和产品结构的优化、升级，使客单价得到提升，使其拥有承租能力可以将门店开在肯德基、麦当劳隔壁的主流街区和位置，对接城市主流人群，肉夹馍也因此有了"强势"的可能。

类似肉夹馍这样可改造的"弱势品类"，在中餐里还有很多，它们都存在打造品牌的可能性。前提是你不能一上来就给其扣上"弱势"的帽子。不要忘了，凉茶在北方曾是"隔夜茶"，奈雪的茶也是加了软欧包才有能力与星巴克掰手腕的。

除此之外，过度细分品类、忽视品类属性等也是餐饮行业常见的定位误区，且极容易导致"战略骑墙"。

2. 与差异化或定位有关的误区

餐饮品牌与差异化或定位有关的误区非常多，这里简单介绍两种比较有代表性的：

（1）缺少外部思维，把定位简单理解成占据特性

定位的基本要求和出发点就是基于外部环境，把握最大外部机会，这决定了任何一个定位概念、差异化都有"竞争参照"，都有具体的运用环境。

> 也许在很多人眼中，老乡鸡强调"干净、卫生"似乎多此一举，但它指向了夫妻店、杂牌这类大市场，非常有助于汇拢存量、做大需求，是主动选择"竞争参照"的结果，是品牌要做大需求的阶段性战略需要。
>
> 餐饮的基础是要好吃，所以，西贝莜面村要诉求"闭着眼睛点，道道都好吃"；快餐的"第一特性"是"快"，所以，真功夫企图诉求"60秒到手"……这些都是缺少外部思维的结果，只是把定位简单理解成占据特性，因为"闭着眼睛点，道道都好吃"和"60秒到手"都没有"竞争参照"，并不符合品牌的阶段性战略需要。

去主动选择最有利于你的"竞争参照"，在此基础上进行特性和消费者价值输出才是定位的精髓，这里的关键词是"主动选择"。

（2）盲目聚焦，无视外部机会

同样，盲目聚焦，无视外部机会也是一个缺少外部思维，或者说对外部机会、竞争环境的把握不到位而导致的常见误区。很多餐饮品牌选择从一道菜或一个细分品类起家，并以此为特色、差异化，这种做法本身并没有问题，因为聚焦往往更容易形成差异化，同时，还可以带来认知光环，有助于品牌进入心智。但问题是聚焦的度在哪里？聚焦的最终目的是什么？这些还需要回到外部去看。

> 以西贝莜面村为例，作为品类的领先品牌，西贝莜面村的增长点和最大机会应该是推动西北菜晋升主流，同时引领西北菜的进化，在主流

和特色之间找到平衡，进而做大需求，坐稳正餐第一的位置，并为正餐代言。

总之，聚焦到什么程度，诉求什么应该由外部竞争决定，而不是仅凭企业经营者的感觉。**从品牌的整个生命周期看，差异化只是起点，做大品牌的过程才体现出商战的艺术性和定位的精髓。**

3. 与战略节奏有关的误区

（1）过于激进

如果企业发展战略过于激进，脱离整个市场环境，那就很有可能会因为时机问题，导致企业经营出现问题。瑞幸咖啡就曾经犯过类似的错误。

作为餐饮行业的"新星"，连续融资、疯狂开店、大打广告等一系列高调做法曾经让有着"中国最大的连锁咖啡品牌"的瑞幸赚足了众人的眼球。与此同时，连续亏损、抵押资产和做假账的事实也让瑞幸显得危机四伏，"瑞幸没有差异化，消费者并不需要另一个咖啡店""瑞幸商业没有回答和星巴克有什么区别"等质疑的声音一直不断。

客观地讲，瑞幸确实存在问题，但其核心可能并不在于差异化不够，而是时机问题。从差异化上来看，瑞幸"外带＋外卖咖啡"的定位已经成功将其与其他品牌区分开了。问题在于，在星巴克等品牌的教育下，咖啡店在国内已经是成熟市场，但这并不意味着"外带和外卖咖啡"市场时机的成熟。归根结底，咖啡店和咖啡是两个不同的品类，其提供的价值也大相径庭。

星巴克在中国之所以受城市白领欢迎，首先是其"第三空间[1]"带来的场景价值和社交属性，其次才是咖啡本身。瑞幸则不同，其号称与星巴克做的不是同一个生意，销售得更多是"咖啡"和便利性。

---

[1]人的日常生活主要分布于三个生活空间，即第一空间（居住空间），第二空间（工作空间），第三空间（购物休闲场所）。要提高人的生活质量必须从三个生活空间同时去考虑。

然而，没有了空间和场景的咖啡，尝鲜之后还会有多少人愿意花钱持续复购呢？中国人对"咖啡"本身的需求又到了什么程度？这才是瑞幸真正应该研究的问题，也是决定瑞幸最终能走多远的关键所在。

（2）步子太大

千里之行始于足下，企业成长需要时间，需要循序渐进。企业战略如果节奏过快，超过了自身的承载能力，很有可能会得不偿失。

真功夫餐饮管理有限公司是率先解决标准化难题的中式快餐先行者，它本来最有机会实现中式快餐的大一统，但600家门店俨然已成了真功夫的天花板。真功夫作为中国规模最大、发展最快的中式快餐连锁企业，为什么在经历一段疯狂生长后呈现出后劲不足的局面呢？很多人认为这是受到真功夫的内部股权纠纷的影响。

诚然，真功夫的股权纠纷的确给它带来了不小的影响。但是，从品牌战略原理来看，真功夫之所以后期成长速度变慢，极有可能是其早期步子太大而留下的后遗症。积累和试错没到位就过早地铺向全国，品牌势能、运营模式、盈利能力等都没有达到可以快速"复制"的火候，以致盈利水平受限，新开门店存活率有限，拓展受阻……正所谓是欲速则不达。

除了市场节奏问题，在战略节奏上，真功夫的打法也值得商榷。以"营养、蒸"来对抗肯德基、麦当劳，这在一定程度上确实为真功夫斩获了一定的势能，也助其建立了中式快餐领先品牌的认知。但此时，真功夫要做的，应该是利用领先地位集中开店，蓄高势能，收割杂牌和路边店，因为这才是最大的存量市场，也是最好捏的"软柿子"。快速做大体量，从而真正把领先坐实，而不是纠结诉求"蒸"还是诉求"快"，卖营养还是卖速度。

（3）过于保守

物极必反，企业发展战略节奏切忌过于激进和步子太大，但同样不提倡过于保守。企业需要拥有可以承受成长波动性的勇气，看准时机，抓住机会，这样才能赚取趋势的财富。商业市场，讲究以"快"取胜，保守发展，很容易错失先机。

书亦烧仙草隶属于四川书亦餐饮管理有限公司，其第1家店诞生于2007年。在成立初期，书亦烧仙草追求稳扎稳打，门店的增长速度一直相对缓慢，直到2013年，店铺也才50余家。2015年，书亦烧仙草才正式走出四川省，成立第1家四川省外门店。2017年才逐步加快品牌扩张的步伐。

2021年，书亦烧仙草邀请陈小春作为品牌代言人，品牌诉求开始由之前的主打产品卖点——"半杯都是料"逐步转向市场地位和品牌势能营造——"门店超过7000家"。从品牌战略的角度，这预示着书亦烧仙草将从产品和市场经营转入真正的品牌经营，品牌战略进入了新的阶段。

但从品牌的整体进程看，书亦烧仙草的战略节奏把握得并不十分出色，启动品牌营销有些慢。从奶茶市场的竞争格局看，奶茶市场增长放缓的势头已经很明显，据中国连锁经营协会2021年9月发布的《2021年新茶饮研究报告》显示，截至2020年年底，中国饮品店的连锁化率已高达36%。这预示着在奶茶市场，存量竞争已经早早展开，头部或区域品牌挤压散户及夫妻店的竞争早已如火如荼。在这样的市场格局下，书亦烧仙草早就应该有所行动将自己的市场成果转化为品牌势能，并以此来收割散户，从而快速做大体量抢占市场，并向中档市场头部位置发起冲击。

当然，企业战略节奏往往不仅与战略本身的需要相关，还与品牌创始人或经营者的行为风格紧密相连，稳扎稳打固然更稳健，但也容易错失战略机会！

强体验、高度场景化及长链条等决定了餐饮品牌打造有其自身特殊性，这也决定了定位理论在餐饮行业的运用需要灵活变通，否则很容易教条化、机械化、误入歧途。但千变万变，实施品牌战略定位的基本要求和出发点不变，那就是要尽可能基于外部环境帮助企业把握最大外部机会。作为餐饮企业经营者，无论是选择品类，还是寻找差异化，首先都应该问问自己，这么做指向了什么机会？是否真正有助于自身去把握最大外部机会？是否还有更好的选择？

礼品企业的品牌突围之道

礼品企业通过帮助礼品采购方降成本来创造价值，不是制造业，是服务业，赚的是服务的钱，主要提供"帮助采购单位降低礼品成本"的服务。礼品企业通过帮助礼品采购方降成本来创造价值，需要扮演好以下三个角色，如图 7-9 所示。

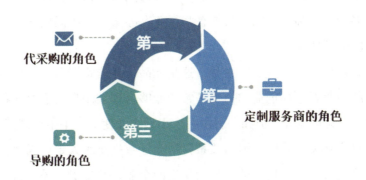

图 7-9 礼品企业要扮好三个角色

第一，代采购的角色，这时候企业是一个渠道商。

第二，定制服务商的角色，主要体现在礼品定制的服务，帮助消费者把一个普通的产品变成礼品。这里的定制服务需要有技术含量。如果客户自行寻找制造工厂下单，再进行定制，实际花费的时间和成本都比较高，而专业的礼品企业可以帮助客户降低定制的成本。如果礼品企业仅仅只是渠道商，那礼品采购方完全可以直接在京东、淘宝进行购买。所以，定制服务，通常是最能体现礼品企业价值的地方。

第三，导购的角色，礼品企业运用自己的专业知识和经验帮助采购方进行选择，告诉采购方选择什么样的礼品更合适，更容易打动采购方的客户，如果采购方自己做选择，一旦选错，成本很高。

作为礼品企业，其价值需要通过客户的客户来体现，让他们认可礼品，认为礼品给其创造了价值，这才是礼品企业的价值所在。这也是我们打造礼品行业品牌的基础。

礼品行业是一个万亿级的行业，然而，迄今为止，这个行业还没有出现一个纯粹的行业巨头，主要原因就在于当前这个行业面临四大困境：

第一大困境：同质化竞争。这是当前礼品行业面临的主要困境，作为渠道商的礼品企业向制造企业无差别采购，很容易陷入价格战，毁灭自身价值。价格战是很多行业面临的现状，只是有些行业有办法来解决同质化竞争的问题，更早地打造出了品牌。

第二大困境：关系型营销主导。这是礼品行业非常严重的一个困境。很多礼品行业的创业者选择创业的初衷是希望能够合理利用自己手中的各种关系。这在创业阶段无可厚非，但如果想由一个小型企业变成一个中型甚至大型企业，绝不能仅仅依靠关系营销，因为关系营销会导致生意跟人走。因此，如果想要将企业打造成为一个现代化的、盈利稳定的企业，就要走出关系营销的怪圈，要做到无论企业经营者是否在，生意都属于企业。企业的任何一个人走了，生意都不会跑。只有这样，企业的盈利能力才会稳定。有了稳定的盈利能力，企业才有可能成为一个真正的、有长期价值的，并且有机会进入资本市场的企业。

第三大困境：以利润为中心，而不是以为消费者创造价值为中心。比如，你有一批适合当礼品的产品，进价低、盈利高，这时你通常会希望将它推荐给客户以从中获利，这种以利润为导向的运营方式，短时间内确实可以保障自身盈利，但不能让企业走得更远。真正的终极思考应该是如何为客户和客户的客户创造价值，而获得利润只是创造价值的一个结果。

第四大困境：面临新兴渠道的强力竞争。互联网电商的崛起，使传统礼品企业受到了冲击。京东等一些知名电商平台设立了专门的企业购平台，这与礼品企业存在直接的竞争。

上述所提到的困境致使礼品行业进入门槛极低，行业内部鱼龙混杂，但是真正热爱这个行业的人却寥寥无几。当前的礼品企业如果想要打破以上四大困境，把礼品当成是事业来做，那就只有一条路，即打造品牌。

礼品企业打造品牌有以下三大益处，如图 7-10 所示。

图 7-10 礼品企业打造品牌的三大益处

第一，拥有差异化，跳出价格战的泥沼。当客户需要采购某一类礼品时就想起你，那你就成功获得了客户的优先选择，就可以有适当的溢价。做得更专业，拥有差异化，能创造更大的价值，即使价格高一些，客户也会认可。

第二，用品牌创造价值，而不是业务员创造价值。这意味着，客户只会跟着企业品牌走，不会因为任何人的离开而造成影响，业务相对稳定，企业有机会做到更大、更强！

第三，所做创新可以积累。礼品行业的服务和产品都需要创新，但是，当所谓的创新被大规模抄袭、复制时，就不能称之为创新了。之所以会出现这种情况，一个非常重要的原因就是缺少品牌。所做的创新并没有附着在企业品牌上，创新如果没有变成品牌的资产、企业的资产，就很难为企业提供长期的价值。

那么，礼品企业到底应该如何打造品牌呢？下面就是礼品企业打造品牌的六大要点，如图7-11所示。

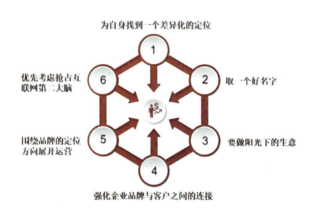

图 7-11 礼品企业打造品牌的六大要点

1. 为自身找到一个差异化的定位

礼品企业是通过帮助采购礼品的企业降成本来创造价值，成本分为购买成本、时间成本、选择成本。那么，由此出发，有三种可以考虑的定位：专注帮助客户降低购买成本，专注帮助客户降低时间成本以及专注帮助客户降低选择成本。其中，第三种定位机会相对比较丰富，其精髓在于聚焦，聚焦在某一个类别上，越深入越宽广。

2. 取一个好名字

礼品企业主要做 B2B[1] 的生意，取个好名字，主要就体现在企业名上。对

---

[1] B2B，Business-to-Business 的缩写，是指一种企业与企业之间通过互联网进行产品、服务及信息的交换的营销模式。

于打造企业品牌，企业名最好可以让潜在消费者一看就知道是礼品企业。

3. 要做阳光下的生意

很多礼品企业不太愿意让别人知道自己的行业，这是一件很不正常的事，只有主动在阳光下传播品牌、占据消费者的心智，才能快速成就品牌。做阳光下的生意，才能吸引更多志同道合的人与你一起奋斗。

4. 强化企业品牌与客户之间的连接

要让客户知道，为其提供服务的是企业，而不是企业的某个人，明确亮出企业品牌，强化企业品牌与客户企业之间的连接。更重要的是，双方要一起为客户企业的客户创造价值，甚至可以一起为客户企业的客户开发更有价值的礼品。

5. 围绕品牌的定位方向展开运营

所有运营工作都要围绕品牌定位方向展开。比如定位为专做数码礼品，那整个企业的运营就是要尽可能地将中国所有的数码礼品都研究清楚，建立供应链，明确这些数码礼品适合哪些企业和行业，明确研发、价格、渠道、供应链等一系列具体事宜，然后品牌传播再围绕定位展开。

比如，顺丰的定位是时效性更强的快递。很多人希望快递更快到达时，会首选顺丰。围绕"时效性更强"的定位，顺丰主要做了以下五项工作：

第一，坚持直营。直营能够保证时效性，保证所有的网点能够及时响应，有效延长营业时间，更好地满足消费者对于快递时效性的要求。直营的成本通常较高，所以，顺丰的价格也往往更贵一些，但是大多数人认为其物有所值。

第二，聚焦小件快递。因为小件快递更容易保证时效性，所以很多人有邮寄小件物品的需求时，很容易想到寄顺丰。

第三，为了体现时效性，顺丰的产品线规划了晨到系列、午到系列，即日到、隔日到产品，在定位方向上，顺丰给予了消费者更多的选择。

第四，为了保证时效性，更少的依赖于人的响应，顺丰很早便建立了自己的 IT 系统。

第五，为了保证时效性，为了在时效性的定位上做到极致，在整个快递行业中，顺丰率先包飞机、买飞机、建机场。

以上这些运营举措，是顺丰的竞争对手很难做到的，其他的快递想要做到这几点，就不得不面临快递价格上调的问题，而"更便宜"往往是大家选择顺丰以外的快递的一个重要原因。

品牌的竞争壁垒，必须要围绕定位去构筑，也只有这样，竞争壁垒才能成为壁垒。相反，如果没有定位，企业就不知道如何高效运营？不清楚应该把资源聚集到哪里？哪些事情不做？哪些事情要多做？

6. 优先考虑抢占互联网"第二大脑"

打造品牌，就是要用品牌定位占据潜在消费者的大脑，这里的大脑不仅指潜在消费者的原生第一大脑，还包括消费者的互联网"第二大脑"。特别是对于礼品这样以 B2B 为主的行业，更是要优先考虑占据"第二大脑"。企业一旦有采购金额比较高的需求，一定会把互联网上的信息作为辅助，通过互联网询价，并且收集企业、品牌的相关信息。一旦成功占领互联网"第二大脑"，客户就有可能自动上门。

作为 B2B 企业，礼品企业需要有一个企业网站，给潜在消费者一个了解你的官方途径。

礼品企业品牌突围，关键在于要少做赚钱的事，多做值钱的事。这里的值钱的事，是指可以帮助企业在潜在消费者心智中占据一个定位的事，即使这个事暂时没有办法实现盈利，但是它能够不断地加高你的竞争壁垒，帮你逐步打造出属于自己的品牌。

平价品牌也可以打造彰显价值

这里先明确一个定义，所谓的彰显价值，是指顾客在消费某一品牌时在他人心中产生的沟通性价值，即顾客有意无意地通过自己消费的品牌向他人传递某些信息。比如彰显自己的身份、地位、财富、学识、品位、信仰、观点、态度、爱心等。近年来，随着国家综合实力的提升，许多国产品牌也开始借助国势、国潮打造彰显价值。然而，在全球竞争的大背景下，同类产品国产品牌的价格通常要比国外品牌低，这一点在汽车、化妆品及鞋服等社交性产品领域尤为明显。国产平价品牌是否有条件或资格打造彰显价值就成了许多创业者和营销人员关心的问题。

那么，什么样的品牌应该打造彰显价值呢？品牌彰显价值与价格又有什么关系呢？

社会化大生产及交通等基础设施的发达促进了商业繁荣，也催生了更多社交场合和社交需求，彰显价值需要也随之成为社交生活的重要组成部分。同时，微博、微信等自媒体的发达则降低了彰显的门槛，使得原来相对私密和个人化的空间也有了低成本曝光的机会，进一步放大了彰显价值的需求。越来越多的品牌商洞察到这种需求，纷纷开始关注和重视对品牌彰显价值的塑造。

需要强调的是，并不是所有的品牌都适合打造彰显价值。一般情况下，社交或公开的场景下使用的产品品类更适合打造彰显价值，相对私密或封闭空间中使用的产品品类则不适合或不太容易打造彰显价值。由此延伸出了这样的现象：**社交或公开场合使用的产品品类高价品牌较多，而在相对私密或封闭空间使用的产品品类高价品牌较少，品牌的溢价能力也相对有限。**

例如，在烟酒、手表、首饰及汽车等领域内，往往存在着大量的高价品牌，而在内衣、内裤、袜子等内穿服饰或床上用品、厨电等领域内，品牌则相对较少，或者溢价空间相对有限。

> 在厨电领域的竞争中，方太品牌通过"高端厨电专家与领导者"的定位，在高端厨电领域暂时获得了领先，但老板电器随后通过"大吸力"油烟机的定位，诉求功能特性，很快实现了对方太品牌的反超。老板电器之所以能够成功逆袭的一个重要原因就在于厨房是一个相对封闭的空间，社交属性比较弱，高端在厨电领域并不具有明显的彰显价值，这就导致方太通过诉求高端来支撑高价出现后劲不足的现象，而老板电器的聚焦大吸力这种功能性价值更简单有力，也更契合中式厨房的痛点和需求。

除此之外，在内衣、内裤等内穿服饰领域打造高端品牌也很难取得成功，主要原因在于这类私密性产品品类本身的彰显属性就比较弱，在服装中属于相对弱势的品类，这就导致其溢价能力相对有限。大多数时候，内衣、内裤这类产品都会成为其他服装品类的附带销售产品。

> 比如，Calvin Klein（简称CK）品牌旗下就包含高级成衣、牛仔时装、内衣、时尚运动等多个品牌。

当然，公开和私密，社交与非社交都是相对概念，原来不具备社交属性的品类也可以通过拓展社交场景或创新提升彰显价值，激发用户主动曝光率。

> 比如，内衣、内裤自己穿的时候，彰显价值较弱，但若是将其当作礼品送给另一半则就不一样了，彰显价值就会得到大幅提升；拖鞋原本

是在居家休闲场景下使用，但卡洛驰通过设计独特外形的洞洞鞋，也让其品牌具备了彰显和流行属性；家用电器自己用的时候彰显属性比较弱，但若是发朋友圈就可以有效放大其价值，毕竟人们都喜欢得到尊重和认同。这也是为什么很多女性愿意花大价钱买戴森的吹风机的原因，因为它不仅好用，还可以提升个人的生活品位，也可以发朋友圈炫耀；对大多数中国家庭来说，空调是很普通的家用电器，并不具备彰显价值，但对非洲某些生活相对贫困的家庭而言，空调则是一个具有彰显价值的电器，这使得他们通常喜欢将空调，甚至空调外机都装在家里很显眼的位置。

单从品类本身看，只要是在人前穿戴或社交场景出现的产品，都具有打造彰显价值的潜力。

在日常生活中，常见的具备彰显价值的品牌更多出现在高价领域，这就致使很多人误以为彰显价值就等于高价。然而，事实并非如此。一般而言，高价产品领域通常需要彰显价值来支撑，尤其是社交性产品。因此，如果高档的社交型产品领域只诉求产品或品类价值，品牌往往会因为价值感不足而很难立起来。

衡水老白干"不上头"战略的失败，就很好地说明了这个问题。作为意图进驻高端领域的白酒品牌，衡水老白干似乎并没有意识到彰显价值对高档白酒的重要性，而是把品牌的价值诉求聚焦在"不上头"的产品特性上。虽然"不上头"也是用户的需求，但显然其对于高档白酒而言只是基础门槛——"上头"在高档白酒领域根本就不是问题，诉求"不上头"自然不足以支撑其每斤超过千元的单价，这也是衡水老白干遭遇营收、净利双双下滑的原因之一。

换位思考一下：有多少人愿意花高价买白酒，仅仅是因为其"不上头"？同理，沃尔沃汽车如果要在豪车领域进一步扩大份额，仅仅靠诉求"安全"也会存在价值感不足的问题，因此，高价品牌往往需要打造彰显价值。

当然，高价品牌需要打造彰显价值，并不意味着平价品牌就不应该或不能打造彰显价值。彰显价值的实质是"沟通性价值"，除了彰显财富和地位，身份、观念、信仰和品位甚至爱心等都是可以彰显的内容，即能传达或附带这些信息的品牌均有彰显价值，这些与价格没有直接关系，如图 7-12 所示。

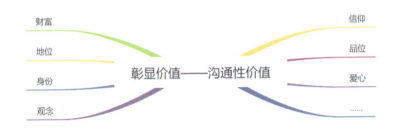

图 7-12 彰显价值的内涵

特斯拉早期选择将门店开在好莱坞附近，将目标群体瞄准了斯皮尔伯格和莱昂纳多等社会名流，不仅仅是因为这部分消费者具有强大的购买力，还因为他们是知名的环保人士和时尚人士，开特斯拉有助于他们彰显环保观念和时尚气息；手机发烧友们愿意为早期的小米手机买单，绝不仅仅因为它便宜和好用，还因为其具备彰显属性——早期使用小米手机会在一定程度上说明你是一个对手机和电子产品懂行的人；而小鹏汽车虽然价格不高，但其前卫的智能化设计也让其具备了一定的彰显价值……

从本质上讲，这些案例都是在彰显观念。除了彰显观念，用户身份也是品牌彰显价值的重要内容。

比如，在选择电脑和手机时，相比苹果公司的同类产品，很多人更愿意选择联想 ThinkPad 和华为手机，其主要原因并不是 ThinkPad 和华为的价格便宜，而是因为它们看起来更商务；"年轻人的可乐"的定位为百事可乐赋予了年轻的光环和彰显价值，不仅帮助百事可乐赢得了很多年轻人的认同，同时也赢得了那些自认为自己还年轻的中老年群体；对幼儿园的小朋友来说，小天才电话手表不仅仅是一种沟通和交流的工具，也是他们将你视为同一阵营的一种符号……

由此可见，彰显价值的内涵非常丰富，财富和地位只是彰显价值的一部分，只是因为彰显财富和地位的需求更广泛、更容易实现，才造成社交性领域高价品牌比较多。因此，"彰显价值"与"高价"并不能画上等号。一般情况下，高价品牌通常需要打造彰显价值，而平价品牌并非就一定不能打造彰显价值。

既然彰显价值不等于高价，那么品牌的彰显价值又该如何定义和界定呢？它与品牌所处的外部环境之间又是什么关系？

虽然彰显价值对很多品类来说非常重要，但它并非孤立地存在，也绝不仅仅等于高价，彰显价值的打造和实现需要结合竞争环境、品牌定位及其发展阶段。

以瓶装水行业为例，同样以彰显价值立足的品牌，依云、百岁山和昆仑山的状况就存在较大的差异。作为瓶装水领域的顶级品牌，依云彰显价值较高，而百岁山的价格虽然不高，但相对于农夫山泉和怡宝，其略高的价格和精致的包装也让其具备了一定的彰显性，但又不失实惠，因而在某些场合成为农夫山泉和怡宝的有力替代品，这就是百岁山为什么可以做到几十亿销售额的核心秘密。

相对于前二者，昆仑山的位置相对有些尴尬：和依云相比，昆仑山彰显价值不足；和百岁山相比，昆仑山的价格又不够实惠。因此，虽然同样是靠彰显价值立足，昆仑山却陷入了骑墙的困境。

除了外部环境，品牌的彰显价值还跟品牌的定位和战略阶段息息相关。一般而言，拥有并建立明确定位的品牌更容易具备彰显价值，而没有进入心智或不具备明确差异化的品牌，用户则习惯"退化"到用价格这个基础标准来界定其档次和价值，此时平价品牌往往容易陷入被动局面。

> 这也是为什么回力鞋虽然价格普遍不高，但近年来却取得不错发展的一个重要原因：回力已经是一个在广谱人群中建立了认知的品牌，并且在一定程度上具备了国潮属性——也就是说回力彰显的不是财富地位，而是国潮和经典。同样，李宁通过诉求"中国李宁"梅开二度亦是此理。
>
> 从回力的发展历史来看，回力早年其实也是一个高价品牌。回力鞋创建于1927年，是中国最早的时尚胶底鞋品牌。20世纪80年代，在中国，回力鞋几乎已经成为运动休闲鞋类的代表。在那个商品稀缺的年代，5元一双的回力鞋可以说是价格不菲。毫无疑问，当时其所彰显的内容与现在截然不同。

所以，社交性的平价品牌并非不能打造彰显价值，重点是要分清顺序和节奏。首先，要懂得通过合理的战略节奏规划让品牌获取势能，然后才应该考虑彰显价值的问题。甚至，彰显价值有可能成为水到渠成的结果——对社交性产品而言，一旦热销流行就有可能拥有彰显的筹码，因为流行本身就会赋予品牌时尚气息。但是，如果在品牌势能不足的情况下，强行打造所谓的"彰显价值"往往会带来拔苗助长的结果。

从根本上讲，品牌彰显价值的打造不仅仅关乎品类，也与价格息息相关，但彰显价值绝不仅仅等同于高价，只因彰显财富和地位的需求更广谱、更直接，进而导致社交领域高价品牌比较多。说到底，彰显价值是一种沟通性价值，它的内容极其丰富，但需要结合外部环境和品牌战略去塑造，其具体内涵要满足竞争环境和品牌所处发展阶段下的合理性。

第八章

未来已来，定位成就未来

希望与挑战并存的"新经济时代"已经全面来临，新时代，面对新的外部环境，新的挑战，定位理论在运用上同样面临创新和升级。在这个时期，企业在找到"第一"的心智机会后，如何快速登录心智，建立竞争壁垒，比以往任何时候都重要。

新时期：无边界、扁平化、快节奏

新经济在不同时期有不同的内涵，以互联网、移动互联网、大数据、人工智能等为标志的技术及生产要素的变革，以及数字化和全球化的大背景，构成了新经济在当下中国的基本图景。**技术的进步不仅提升了社会整体的生产力，也深刻影响着企业经营的外部环境，甚至重构了市场的形态。**企业在享受新技术带来的增长和便利的同时，也面临着市场环境重塑带来的挑战。

如图 8-1 所示，新时期市场环境有三个基本特点。

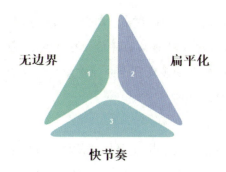

图 8-1 新时期市场环境的三个基本特点

1. 无边界

传统经济时代是一城一地的做生意，而互联网打破了传统市场的固有时空限制，市场边界随着电子商务和物流业的兴起以及全球化大趋势的发展而愈加模糊。在这样的时代背景下，借助互联网的力量，企业可以轻松地把产品销往任何一个国家、任何一座城市，而消费者足不出户，就可以完成购买行为。

新时期市场"无边界"的特点增加了市场的竞争强度和经营环境的不确定性，这个时期，企业必须要面对竞争对手来自全球各地的现实。

2. 扁平化

物理渠道壁垒的消除和弱化，不仅实现了对市场边界的重塑，还致使市场环境出现了另一个重要特征，即越发扁平化。

互联网、移动互联网的渠道和媒体属性，一方面有效缩小了供给端和消费者端的距离，使人们可以超越时间和地理位置的限制进行购物；另一方面还让消费者拥有深度参与到市场交易中的权利，消费者可以通过各种途径输出自己的看法或观念，从而进一步影响企业的行为。

> 比如，大多数人在淘宝下单前，都会习惯性地看商品评价，所以，已经购买过商品的消费者对商品的评价十分重要，甚至直接影响到商品的成交率。这也是为什么许多商家十分注重维护消费者关系的原因之一，希望可以尽可能地减少差评。

同时，由阿里、腾讯等互联网企业构建的网络生态已然成为新时期经济的基础设施，进一步放大了消费者对市场的影响。另外，产品过剩、同质化的时代背景，也进一步强化了消费者的主动权和话语权。"扁平化"将消费者权力空前放大，品牌的心智地位将更加深刻和直接地决定企业的命运。

3. 快节奏

新时期，互联网、大数据等作为生产工具被全面引入和运用到企业生产、营销的各个环节。

　　一方面，几乎所有企业都可以借助消费者反馈和大数据结果，快速优化、改进产品，提升消费者的购物体验；另一方面，时空限制的消失，技术和资本的助力，使竞争格局更加瞬息万变，市场节奏明显加快，企业面临的不确定性空前增加。

　　历史一再证明，每一次生产力的变革和升级，都有可能深刻影响生产方式和商业社会的基本形态，以及人们生活的方方面面。蒸汽机的发明把人类带入工业时代，电的发明把人类带入电气时代，互联网的发明把人类带入数字化时代……尽管每一次升级和变革都可能有不同的历史背景，都可能呈现出完全不同的结果，但无一不在资源配置的手段、途径及效率上发生重大改变，给商业的形态以及人们的生活方式带来深远影响，"全面性"和"进步性"是这种变革的基本共性。显然，新时期"无边界""扁平化""快节奏"的市场环境是科技发展及数字化、全球化的产物，是生产力进步的体现，它必然会把人类商业社会带上新的阶段。虽然现在人们还很难确切地描述未来商业社会的面貌，但可以肯定的是，这一次的变革同样会大幅提升社会资源配置的效率，同样会深刻影响社会和人们生活的方方面面。

　　对于身处这一时代背景下的企业而言，挑战也是显而易见的，这些企业必然会面临新旧环境变迁和资源配置方式变化所带来的阵痛甚至是危机。当然，它们也会遇到时代赋予的打造优秀品牌的机会，关键在于企业会如何应对。这样的影响不仅限于互联网、信息技术、人工智能等直观上的"新经济"企业，传统的制造业、服务业同样也会面临"新经济"转型，或被"新经济"改造的问题。

　　新经济之所以"新"，不仅在于它提升了人类利用资源的效率，更在于它放大了信息在人类社会生产中的价值。长久以来，信息、数据的流动和不充分利用对于人类经济活动的制约被严重低估了，而互联网、大数据及人工智能等技术革命打破了这一瓶颈，使信息的价值得到了充分的释放。换句话说，希望与挑战并存的"新经济时代"已经全面来临，不论第几产业，哪种行业的企业，数字化、信息化改造都已无可回避。

新挑战：谎言，还是风口？

　　新经济时代已经全面来临，新时代下，"无边界"、"扁平化"、"快节奏"的市场环境，将会给处于这一时代背景下的企业带来前所未有的挑战。那么，新的市场环境将会对企业经营产生哪些实质性的影响呢？又会提出何种挑战呢？

　　综合来看，新市场环境下，企业所面临的挑战主要体现在以下三个方面，如图8-2所示。

1.市场机会的变化
2.市场和媒体环境的变化
3.竞争节奏的变化

图8-2 新市场环境下，企业所面临的三个主要挑战

1. 市场机会的变化

　　从长期来看，传统领域的市场结构一般是："数一数二"的头部品牌占据大部分市场份额，一些区域性品牌主导局部市场。

> 比如，可乐领域除了可口可乐和百事可乐等全球品牌，还有皇冠、崂山等区域性品牌；牛奶领域除了伊利、蒙牛等全国品牌，还有晨光、菊乐等区域性品牌。

但是，新经济领域，特别是互联网领域，无边界的市场属性很有可能会改变这一格局。在当前的中国市场，社交媒体以微信一家独大，搜索引擎以百度独占鳌头……新经济领域的无边界可能会使"头部位置"更重要。

（1）"无边界"市场可能会消灭区域性品牌

在传统商业环境中，市场本身的复杂性或区域差别总能为区域性品牌留下生存空间。但在新时期，互联网、移动互联网的渠道属性会使全国性品牌的效率得到大幅提升，区域性品牌的生存空间会因此被严重挤压。企业如果不能走出去，走向全国、走向全球，就可能会被全国性品牌或国际品牌所吞并。

> 比如，百姓网曾锁定局部市场，预期做区域市场的主导者。但是，面对58同城和赶集网这两个全国性品牌的强大压力，最终被迫转型，但它还是错过了战略时机，只能选择在夹缝中生存。

（2）"扁平化"和"网络效应[1]"可能会消灭第二品牌

定位理论中有一个非常重要的观点："二元法则[2]"。"二元法则"指出，

---

[1] 信息产品存在着互联的内在需要，因为人们生产和使用它们的目的就是更好地收集和交流信息。这种需求的满足程度与网络的规模密切相关。如果网络中只有少数用户，他们不仅要承担高昂的运营成本，而且只能与数量有限的人交流信息和使用经验。随着用户数量的增加，这种不利于规模经济的情况将不断得到改善，所有用户都可能从网络规模的扩大中获得了更大的价值。此时，网络的价值呈几何级数增长。这种情况，即某种产品对一名用户的价值取决于使用该产品的其他用户的数量，在经济学中称为网络外部性(network externality)，或称网络效应。

[2] "二元法则"是定位大师艾·里斯(Al Ries)与杰克·特劳特(Jack Trout)在《22条商规》中提出的观点，在一个成熟的市场上，营销的竞争会最终成为"两匹马的竞争"，通常，其中一个是领导者，另一个则是后起之秀，二者相互对立。长远来说，如果你的品牌无法在同一品类中做到数一数二，就必须重新考虑战略。

竞争的最终局面是两强相争，即每个品类最终会被两个品牌所主导。大量的事实也印证了这一规律的客观性。从本质上说，"二元法则"反映的其实是"心智容量有限"的消费者心智模式，这一模式本身也是客观存在的事实。

但在新经济领域，扁平化和网络效应很有可能彻底挤压第二品牌的生产空间，带来赢家通吃的局面。这一点在社交领域、共享经济领域及部分电商领域表现得尤为突出。

> 例如在大众社交领域，QQ和微信分别霸占PC和移动端，米聊、易信、来往等被迫出局或转型；共享经济领域同样也如此，可以说，滴滴和快的、优步的合并都与网络效应有一定的关系。

网络效应甚至在电商领域也有体现。从某种程度上说，拼多多的崛起也与放大网络效应有关，拼多多的实质是寄生于微信生态的新型社交电商。

> 基于微信生态，拼多多的用户若想得到优惠，需要先通过微信将链接分享给自己的好友，潜在用户要享受朋友分享附带的优惠，就必须先下载安装拼多多的App，如此循环，拼多多得以不断裂变，最终实现滚雪球式的增长……

网络效应与先入为主的心智模式共同决定了一旦品牌进驻消费者心智并形成一定基数，就很容易产生巨大的迁移成本，这时如果用户想要改用其他App，就会面临失去原有"网络"的风险，且用户基数越大，迁移成本越高，这成为后进者崛起的天然屏障。来往、米聊、子弹短信等产品挑战微信失败，都可以说是这一现象的直接体现。

新环境下，区域品牌和第二品牌受到挤压，对创业者尤其是互联网领域的创业者而言，意味着只能力争第一，否则没有未来，这也是来往最终"化身"为钉钉的重要原因。

来往是阿里巴巴发布的一个移动好友互动平台，于2013年9月上线。从定位上不难看出，来往和微信的区别并不是很大。在微信的强大影响力下，来往自诞生之日起，发展状况一直不太理想。这迫使来往团队不得不寻求新的出路，"企业需求"就是在这个时候进入他们视线的。很快，面向中国所有企业的免费沟通和协同的多端平台钉钉应运而生，并发展成为国内智能移动办公平台的领导者。

那么，到底如何找到属于自己的"第一"，并且在新BAT[1]主导的市场格局中真正去实现、占据这个机会，这是每一个新经济领域创业者都应该回答的问题。需要强调的是，新时期"只有第一，没有其他"并不意味着创业机会的减少。

首先，新经济的大趋势和传统产业的互联网转型为打造新品牌提供了大量机会，凡有志于改造传统领域的创业者都有机会分一杯羹。

比如，咖啡和烘焙行业本身都是非常传统的行业，但是瑞幸、幸福西饼等品牌则通过互联网对其改造，且成功打造了行业内的"外卖"品牌。

其次，新经济行业品类本身的分化也会提供源源不断的品牌机会，如唯品会、拼多多、今日头条等分别分化自电商和线上媒体大品类。因此，创业者大可不必悲观。

2. 市场和媒体环境的变化

市场和媒体环境的变化具体表现为两点：

（1）阿里、腾讯等互联网企业主导的网络生态的形成

互联网本身的市场属性决定了线上通常会存在用户聚集的情况，而阿里、腾讯等互联网企业的出现则将这一现象变为现实。不论是之前的BAT（百度、

---

[1] 新BAT，B指字节跳动、A指阿里巴巴、T指腾讯。

阿里、腾讯），还是现在的新 BAT（字节跳动、阿里、腾讯），实质上都是用户、流量的聚集和集中化，是线上流量生态格局的形成。

流量的线上转移和相对集中，为企业实现快速获客提供了可能，同时也提出了挑战：如何先于对手利用好阿里、腾讯等互联网企业掌握的用户和技术为品牌赋能？如何在流量红利结束，流量越来越贵的情况下，摆脱单纯的"效果营销"，实现品牌引流？这都是新时期企业经营者不得不回答的问题。毕竟，字节、腾讯、阿里等互联网企业已经侵入到现代商业的方方面面，无论是传统企业的互联网转型还是新兴企业的做大做强，都必须面对如何处理与字节、腾讯及阿里等互联网企业的关系的问题。

（2）自媒体等网络媒体的崛起

微博、微信、抖音、小红书等自媒体的崛起将互联网媒体的互动属性发挥到了极致，电视、报纸等传统大媒体也随之逐渐衰落。他们在重构媒体格局的同时，也将消费者的注意力转移到了线上，消费者口碑可以借助线上自媒体急剧放大。

大到小米、魅族等科技型企业，小到黄太吉煎饼、霸蛮等餐饮小单品，都可以依托新媒体实现小成本快速传播，从而积累了大量的用户。但水能载舟亦能覆舟，媒体本身就是一把"双刃剑"，自媒体等新兴媒体可以让品牌快速崛起，同样也能让品牌的负面消息快速扩散，甚至可能会在短时间内扼杀、摧毁品牌。

> 著名的奔驰女车主维权事件就是一个非常典型的例子。2019 年，西安一女性消费者花费 60 多万元购买了一辆奔驰，结果车还没有开出 4S 店，就发现发动机漏油，在几次沟通无果后，该消费者选择到店里维权。结果，该消费者在奔驰车盖上大哭的视频迅速走红网络，引来无数网友的关注，短短几天时间，奔驰的品牌形象受到了严重的影响，市值由此蒸发超过 30 亿元，整个汽车板块减少 137.25 亿元。

新时期，如何在利用好新媒体、自媒体红利的同时，避免"反被其害"是每一个企业、品牌都应该思考的问题。

阿里、腾讯等互联网企业的垄断地位与新的媒体环境的形成，意味着传统粗放的营销方式将面临极大挑战，企业既有的营销和品牌打造手段亟待升级。

3. 竞争节奏的变化

首先，从品牌战略角度看，市场环境扁平化意味着品牌的"心智地位"将直接决定企业的最终命运，而"进驻心智"则通常可以借助资源和资本的力量短时间发力实现，且字节、腾讯及阿里等互联网企业拥有的流量和技术还可加速这一进程，这直接导致了竞争格局的多变和竞争节奏的加快，国内二手车行业格局的风云变幻足以说明这一点。

> 在优信、人人车已经抢先发力，并取得明显优势的情况下，瓜子二手车横空出世。其借助科学定位和资本力量，在短短1年多的时间实现逆袭，最终成为二手车行业占绝对主导地位的头部品牌。

瓜子二手车的这种发展节奏和速度，在传统领域基本不可能实现，但在当下，就成为了现实。而且，很多行业都可能会这般上演。

同时，扁平化也意味着消费者离企业更近，信息对称难度相对减小，相应的，品牌认知与产品事实的差距也在缩小。在这样的背景下，传统依托品牌为产品背书，而产品却在很长一段时间内不进行优化和升级，吃品牌红利的经营方式将越来越难以维持，企业必须及时地对产品进行迭代升级。

此外，新时期不断涌现的新技术，也有可能会直接倒逼企业对产品进行优化、升级和创新，这也进一步为市场注入了更多"不确定性"。即便是领先企业，也会面临随时被创新型产品攻击和取代的风险，单纯靠吃品牌红利将很难维持领先地位，这也是为何电脑、手机等品牌商不断推出新一代产品的原因。

面对竞争环境的多变和竞争节奏的加快，企业如何建立或维护品牌地位？这也是新时期打造品牌与以往不同的地方，是新时期企业必须回答的问题。

新定位："既往"不咎，"继往"开来

"无边界"、"扁平化"、"快节奏"的新环境，以及市场机会、媒体环境和竞争节奏的改变所带来的新挑战，意味着企业需要对原来的营销手段和品牌方法进行创新、升级。

20世纪70年代初，在以广告创意为主导的营销思潮下，里斯和特劳特前瞻性地指出了"竞争的终极战场在消费者心智"这一事实，并在此基础上开创了定位理论。半个世纪以来，定位理论的核心观点不仅从未面临真正挑战，而且在商战的洗礼中显得日益鲜明、犀利。

但在实际运用中，定位理论却因时而变，因地制宜，不断发展。从提升传播效率的"广告理论[1]"，到指引营销要素建设的"4P[2]前的一个P（Position，定位）"，再到作为优化企业资源配置的"战略的核心"；从单纯的消费者式咨询，到作为企业长期外部合伙人，定位理论与定位咨询总是与时俱进，紧扣时代商业脉搏。

新时期，面对新的外部环境，新的挑战，定位理论在运用上同样也需要创

---

[1] 广告理论：20世纪50年代初雷斯提出USP理论，要求向消费者说一个"独特的销售主张"（Unique Selling ProPosition），而且这个主张是竞争者所没法做到的。

[2] 4P是营销学名词。美国营销学者杰罗姆·麦卡锡教授在20世纪60年代提出"产品、价格、渠道、促销"4大营销组合策略即为4P。产品（Product）价格（Price）渠道（Place）促销（Promotion）4个单词的第一个字母缩写为4P。

新和升级。例如，针对"只有第一，没有其他"的市场机会的变化，"资源法则"的重要性应该得到提升，定位与资本的结合应该更紧密。因为**新时期，企业在找到"第一"的心智机会后，如何快速登录心智，建立竞争壁垒，比以往任何时候都变得重要。**

另外，市场边界的拓展使得全球视野也比以往任何时候更加重要，企业在甄别和抢夺心智资源时，应该尽可能放眼全球，在全球范围找到心智制高点。

同样，扁平化的市场结构，字节、腾讯、阿里等互联网公司的崛起和媒体环境的变化意味着在打造品牌的过程中，企业需要学会借助技术、媒体红利以及公关的力量为品牌赋能，快速登录心智，依托"认知复利"，进一步扩大战果。

竞争节奏的加快，意味着企业需要与市场保持紧密联系，需要及时聆听来自"一线的炮火"，审视竞争环境，随时准备重新定位、迭代产品和调整运营。

总而言之，**新时期，企业面临新挑战，需要新定位。**

新时期"无边界""扁平化"的外部环境让消费者权利得到空前的释放，品牌的心智地位变得比以往任何时候都重要。而字节、腾讯和阿里等互联网企业的崛起，更是赋予了互联网市场、渠道和媒体属性，在线上聚拢了大量的"人流"，在重构既有市场格局，为企业实现快速获客提供了可能的同时，也对传统粗放的营销方式提出了挑战。

明确定位以后，如何在新的市场环境下让品牌高效进驻用户心智？除了自身的资源，企业还可借助资本和外部的趋势红利（如媒体、渠道红利等）。

比借助外部红利更重要的是，企业要有"聚焦"和做局部突破的意识。回顾商业史可以发现，大多数成功品牌都是从某个局部市场、人群或渠道开始起飞，然后才逐步走向大众市场，获得成功。

> 比如，脑白金是从江苏江阴市起步，王老吉是从餐饮渠道起步，饿了么是从大学校园起步，Facebook最初也只接受哈佛大学的学生加入，而小米手机一开始瞄准的则是手机发烧友……

为什么会出现这种情况呢？原因主要有两方面，一是资源的约束，二是战略节奏的需要。定位要进驻心智，就传播层面而言，首先是信息的触达，其次是信息的不断重复。只有当品牌信息的刺激达到一定"阈值[1]"时，消费者才有可能记住你的品牌，这就是饱和攻击的意义。而穿透信息噪声和重复发送信息都需要付出成本，也就是对你的营销投入有要求。回到实操层面，"聚焦资源，局部突破"就自然成为绝大多数企业应该采取的策略，且这一点在信息爆炸和媒体碎片化的当下，意义尤其重大。

此外，从品牌的战略节奏本身考虑，局部实现定位，蓄高势能，做大需求，然后推而广之也是最科学、风险最低的方式。当然，具体操作与节奏控制上，还要结合外部竞争情况综合权衡。

需要强调的是，定位本身是一种实践，实现定位的过程更是如此，因此，如何实现定位本身就没有绝对统一的范式可依。品牌以什么方式，借助何种媒介进驻消费者心智，具体需要结合外部环境和企业自身资源综合抉择，这也正是商战本身的实践性、艺术性和魅力所在。

---

[1] 阈值又叫临界值，是指一个效应能够产生的最低值或最高值。

打造护城河：抢占消费者的"第二大脑"

在信息爆炸、媒体爆炸、产品爆炸的新经济时代，人们原生的"第一大脑"已经越来越不够用。以前，当消费者有购买酱油的需求时，原生大脑可能会告诉其可以选海天品牌；买果冻，原生大脑可能会指定要喜之郎。可是，当新品类、新品牌越来越多地涌现，原生大脑应接不暇、疲于应付时，人们又该如何选择呢？大多数人的习惯是拿起手机，求助于互联网，通过查询网上的相关信息和评价来辅助做决策。这时，互联网就成了全人类共有的"第二大脑"。

从某种程度上看，"第二大脑"是对原生第一大脑的补充。凡是潜在消费者拿起手机或鼠标主动获取产品相关信息，他／她就是在运用"第二大脑"。在信息存储量和处理能力这两个方面，"第二大脑"对第一大脑形成了补充。

在信息存储量方面，理论上互联网的存储量无限大。而人类的第一大脑容量有限，面对潮水般的信息需要经过筛选——简化——归类——排名的处理，只记忆与自己的工作、生活紧密相关的一些品类与品牌，对于与工作、生活关系不大的品类和品牌，干脆选择放弃记忆，交给互联网，只有在需要时才进行搜索。利用互联网存储信息，在时间上的深度也是无限的。很多年前的很多信息，人们依然可以在网上轻松地找到；若干年后的人们，也能轻松找到今时今日发布的大多数文章。

在信息处理能力方面，互联网的处理能力很强。而第一大脑对信息的处理能力是有限的，毕竟普通消费者不是行业专家。即便是行业专家，通常也只是对自身所处的行业比较了解，对行业外的信息依然是隔行如隔山。一般情况下，对于不熟悉的品类，第一大脑也不知道应该如何进行衡量。

比如，很多人都知道山西老陈醋好，但是具体哪个牌子好，却很少有人能够说清楚，也不知道应该如何判断醋的好坏。这个时候就可以借助"第二大脑"来寻找答案。

可以预见在不久的将来，随着人工智能技术的普及，各类信息都可能变得唾手可得。当大家想要获得"第二大脑"的信息，甚至可能都不再需要拿起手机、电脑，各种相关信息和影像就会在眼前呈现。人们对于"第二大脑"的依赖性可能会越来越强，它的重要性甚至有可能不亚于原生大脑。

目前的互联网，可以说是全人类第一大脑的投射；而在未来，人工智能互联网极有可能反客为主，大多数人类的第一大脑，不过是这个"第二大脑"的投射。长远来看，通常占领了"第二大脑"，就能占领第一大脑；也只有"占领第二大脑"，才能占领第一大脑。

当今社会，对于有志于打造强势品牌的企业，不仅要抢占消费者的原生大脑，还需要抢占其"第二大脑"，最终形成信息的闭环。很多品牌的广告宣传信息和互联网信息不具有一致性，或者线下信息和线上信息并不同步，这都属于典型的"第二大脑"失守，后患无穷，不可不察。

那么，企业到底该如何抢占"第二大脑"呢？如图8-3所示。

图8-3 抢占"第二大脑"的两个原则

1. 抢占消费者"第二大脑"要趁早

抢占"第二大脑"的要点，就在于研究潜在消费者主动获取信息的习惯，占领他们获取你的品类、品牌相关信息的主要入口，如主要搜索引擎、新闻网站、微博、知乎、微信等，还有未来可能会出现的各种信息终端。持之以恒，在互联网的海洋中布下品牌信息，等待今天和未来的潜在消费者的搜索与获取，反过来促进对消费者第一大脑的占领。

对于广大中小企业而言，由于资源较少，在开拓线下渠道、广告宣传、公关活动等方面可能会相对落后。但是在"第二大脑"的战场中，却有机会用较少的资源实现弯道超车，尤其是在竞争对手还没有这种意识的时候，如能抢先在"第二大脑"进行布局，就会在一定程度上取得先发优势。只要成功占领消费者的"第二大脑"，无论是当下还是未来，都极有可能影响到潜在消费者的购买选择。

因此，对于有志于打造品牌的企业而言，越早抢占消费者"第二大脑"越好。如果从现在开始，就在人类共有的第二大脑中逐步植入品牌以及定位相关信息，让你的品牌与某个品类之间不断地重复画上等号，最终形成对消费者第一大脑和"第二大脑"的绝对占领。也许10年以后，消费者可以轻而易举地回溯你的品牌相关信息。那时，不出意外，你的品牌应该已经成为一个拥有"经典"光环的强势品牌。

所以，抢占"第二大脑"要抓住先机尽早布局，同时还要明白抢占"第二大脑"也是为抢占原生大脑服务，因为原生大脑才是品牌的终极护城河！

2. 抢占"第二大脑"需遵循兵力原则

强调把握时机，并不是说占据先机就一定能笑到最后。抢占"第二大脑"仍然要遵循兵力原则[1]，通常有资源优势的企业在线上战场取胜的概率也会更大，而且表现得更彻底。从信息接收的角度看，不同于人脑容量、选择性接收，互联网对信息的接收是无限的、非选择性的，这决定了有资源优势的企业就能够对其输入更多的信息，形成以多打少的兵力优势；从"防守"的角度看，互联网这个"第二大脑"不存在难以改变的属性，只要数量足够大，新的信息就有可能将旧的信息覆盖下去，这决定了线上的信息护城河最终还是要依托兵力优势去维持。

综上所述，在新经济时代，你的品牌在明确定位之后，需要尽快抢占消费者的"第二大脑"。

---

[1] 必须在决定性的地点投入尽可能多的军队进行战斗。

游戏式裂变：找人，更要找定位

　　老客拉新客，存量找增量的裂变营销是古老而传统的获客方式。近年来，移动互联网，尤其是依托于手机的移动社交的兴起为裂变提供了非常好的基础设施和土壤，让这种古老的获客方式重新焕发了生机，并被广泛运用到游戏、社交电商等多个领域。拼多多、瑞幸咖啡、小游戏跳一跳等，都是通过裂变方式走进大众视野的。

　　谈到裂变，就不能不谈到拼多多，它是国内裂变做得比较成功的企业之一。作为新电商开创者，拼多多成立于 2015 年，短短 3 年后，2018 年 7 月拼多多就成功在纳斯达克上市，要知道，阿里巴巴在纳斯达克上市用了 15 年，京东用了 16 年。拼多多的出现掀起了一波社交电商的浪潮，其最为人乐道的模式就是拼团购物。

　　拼多多的裂变方式非常简单，就是引导用户找人拼团。它与淘宝、京东传递产品热销的区别在于，在销量的呈现方式上，拼多多显示已拼多少件，而不是已卖多少件或者已有多少人买。同时，拼多多还将拼团的价格和单独购买的价格进行了较大的区分，这可以让用户明显感觉到拼团比较划算，从而刺激用户产生找人拼团的强烈动机。在平台用户数量还较少的早期，为了得到低价购买特定产品的权利，用户就不得不找人和其一起拼团，这样就形成了裂变。

　　在经过一段时间的飞速发展后，如今拼多多的用户数量已经非常庞大，这时平台就不需要对用户裂变要求过于苛刻。平台提供配对拼团，目的就是尽可能地让用户享受到低价。

同样，瑞幸咖啡的裂变式增长也值得大家借鉴，其发展速度之快一度成为互联网模式成功的典范。很多人最初知道瑞幸咖啡是源于朋友的分享，瑞幸咖啡的裂变方式非常简单，比如通过朋友圈分享免费赠送等方式，刺激消费者主动分享从而形成裂变。这种找人送礼的模式也被应用到各个推广环节，比如找人送甜点、找人送优惠券等，从而加速了瑞幸咖啡的裂变。

大部分的裂变思路已经被多数电商企业运用得驾轻就熟，游戏领域也是裂变玩法的一个重要试验场。比如曾经风靡一时的微信小游戏——跳一跳，虽然用户不能从这个游戏里得到物质上的收获，但它能给用户带来强烈的心理满足感，从而让用户产生分享的欲望。跳一跳在微信生态里继承了微信运动的大部分特点。首先这个小游戏玩法比较简单，几乎每个人都会操作，其面向的是海量的微信用户；其次和微信运动相同，跳一跳游戏设置了各种排行榜，这无疑会给人带来成就感，让人愿意分享、炫耀。每次玩家排名有所上升时，系统就会提醒你又成功挤掉了多少个人，这种方式可以有效增强用户继续玩的心理。

通过上面对拼多多、瑞幸咖啡、跳一跳裂变现象的分析，可以发现，它们背后有一个共同的特征：找人。拼多多是"找人拼团"，瑞幸是"找人送咖啡"，跳一跳则是"找人分享乐趣"。除此之外，还有小程序步数宝的"找人贡献步数加成"等。

从本质上说，用户愿意主动找人无非就两种目的：一种是找人获取某种物质的利益；一种是找人获取某种心理上的满足。从当前市场上的一些实践案例来看，当前，找人获取物质利益的这个目的被电商广泛应用，而找人获取心理上的满足则被游戏广泛应用。

用好裂变，只是找人还远远不够，因为还有比找人更前置，甚至更重要的工作，那就是找定位，即回答：我要主导什么领域，我要给到消费者一个什么样的差异化购买理由的问题。

因为裂变本身只是解决了"拉新"的动力问题，吸引的也往往都是尝试性消费人群。裂变本身并不提供持续性的购买理由，也无法解决如何保护裂变成果的问题，而这却是定位的功能和价值所在。

换言之，如果一个项目或品牌没有差异化的定位，不仅裂变本身会因价值感不足而乏力，裂变的成果也将很难保持。

> 以拼多多和瑞幸咖啡为例，从外部视角看，基于微信生态的拼团模式是拼多多裂变得以成功和持续的前提，基于互联网直销渠道的外卖是瑞幸咖啡的长期立足点。用定位语言阐述，它们都是通过品类创新建立了自身的差异化，使裂变成果得以积累和放大。

所以，**做好游戏裂变或玩好裂变营销，你不仅要找人，还需要找定位**。如图 8-4 所示，概括而言，定位之于裂变对互联网企业有以下几个意义，具体体现在拉新、留存和激活用户上。

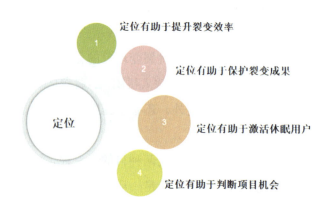

图 8-4 定位之于裂变对互联网企业的重要意义

1. 定位有助于提升裂变效率

所谓拉新，其实就是各种裂变思维的应用，即不断地让老用户主动去找新用户，让用户成为企业的渠道和媒介，让千千万万的个人自媒体放大裂变效果。例如，拼多多的成功很大程度上就是借助微信自媒体的力量。

定位不同于拉新的是，有差异化的项目，定位本身往往就是强有力的购买理由。反之，如果项目本身没有差异化，只是靠佣金和补贴拉新，则会面临消费动力不足和裂变难以持续的问题，大量互联网项目因为盲目补贴、拉新成本太高、转化效率差而半途而废。

所以，**定位对于裂变的第一个意义，就是为裂变提供一个除佣金和补贴以外的购买理由，提升裂变的效率，同时也让裂变更容易得到持续。**

2. 定位有助于保护裂变成果

定位对于裂变的第二个意义就是保护裂变的成果，提高留存率。由于裂变本身往往并不能解决用户的留存问题，大多数时候其价值在于让用户转发和尝试，这也是为什么有很多 App，用户用完一次就卸载的主要原因。所以，一个互联网项目除了需要解决引流问题，还必须要解决留存和复购问题。

用户为什么会持续地使用一款产品或玩一个游戏？通常是因为它提供了独特价值，换言之，它要有定位。这是定位对于裂变的另一个重要意义，有定位的项目更容易在拉新之后让用户留下来，形成流量池，而不是一锤子买卖。

当然，只是提供一个差异化的定位概念是远远不够的，还需要将该定位整合到产品、运营的方方面面，并保证用户体验。

首先，要尽量让游戏足够简单，这一点特别适用于小程序游戏。其次，游戏的美术设计、流畅程度、真实玩家数等都是游戏体验的一部分。另外一个很重要的点就是要让用户心理产生满足。

比如，通过玩家之间的互动，让他们能够在虚拟的空间建立一种类比于现实中的关系，像建立家族体系、建立等级体系等；而跳一跳的等级排名、微信运动的排名等，这些设计都是为了更好地营造用户心理的满足感。

3. 定位有助于激活休眠用户

可能包括游戏企业在内的许多其他企业都尝试过裂变及留存工作，但用户喜新厌旧的天性，使他们很难长时间地对一个游戏保持兴趣。用户的活跃往往只是暂时的，因为用户很难在游戏当中找到一个足够的亮点。好玩是大多数游戏的共性，但是在诸多游戏当中，尤其是在严重同质化的游戏领域，游戏企业也需要像王老吉、瓜子二手车直卖网那样，找到一个"怕上火""没有中间商赚差价"这种对用户来说相对比较具有价值的点。

即使因为裂变，平台的用户获得了短暂的增长、企业获得了一定的盈利。企业也很有可能会因为没有一个足够的亮点，使得用户活跃度急剧下降，大量的用户将会处于休眠状态。为了避免出现这种现象，企业有必要给用户提供重新使用产品或游戏的理由——来自用户端的优势认知点，也就是所谓的定位。

4. 定位有助于判断项目机会

判断项目机会，简而言之，就是利用定位理论所发现和倡导的差异化原则和数一数二原则[1]去判断一个项目是否值得去做，值不值得去裂变，这一点同样适用于传统领域。

总之，好的游戏就像好的产品，一个具备足够竞争力的产品同样需要具备独特的差异化。一个清晰的游戏定位，不仅能够在拉新阶段为用户提供一个强有力的理由，还有利于保护裂变的成果，激活和唤醒休眠用户。如果企业只是把精力集中在产品层面的完善以及战术层面的裂变拉新，而不能在消费者心智层面构建差异化，则将很容易被竞争对手跟进模仿，甚至超越。只有通过定位的思维建立差异化的价值，建立自己的认知优势，企业才能拥有比较稳固的护城河，"裂变"拉新的价值和威力也才能真正得到变现和放大。

---

[1]在全球竞争激烈的市场中，只有领先对手才能立于不败之地，任何事业部门存在的条件就是在市场上"数一数二"，否则就要被砍掉、整顿、关闭或出售。

后疫情时代的品类机会与挑战

在 2019 年年底，突如其来的新冠肺炎疫情给处于平稳发展轨道上的市场经济带来了不小的冲击。诸多行业都受到了不同程度上的影响，特别是线下实体经济，影响无疑是巨大且系统性的，如餐饮、交通、酒店、旅游、零售等。同时，企业倒闭、资金吃紧的各类消息也时刻冲击着各个企业人的神经，一时间，哀鸿遍野。

然而，凡事有弊必有利，机遇与挑战犹如硬币的两面，时刻共存。此次新冠肺炎疫情虽然给众多行业带来了危机，但同时也使得不少行业得到了阶段性的发展。比较有代表性的有保健品、食品等。即便是同样都受到影响的品类，同时具备线上、线下渠道的企业受损程度也小于纯线下渠道的企业，品牌势能较强的企业又比品牌势能较弱的受损较小。

疫情的发生是一种不可抗因素，在企业的发展过程中，难免或多或少会经历一些突如其来的未知危机。企业应该保持正确的心态，积极面对，把本次新冠肺炎疫情当作一次"大考"，只有不断提升企业及品牌自身免疫力，才能更好地在复杂多变的商业环境中存活。事实上，企业面临的最大挑战不是有形的硬件、产品、市场等因素，而是经营者正确的经营观和品牌观。

本次疫情也使得很多企业平时被掩盖的问题得以充分暴露，典型的是众多传统企业对新零售的认知以及对正确品牌观思考的缺失。从长远来看，这些核心问题越早被发现越好，越早解决越好。本次"大考"，难免会有一批免疫力、竞争力较差的企业无法抵抗打击而倒闭，这是市场优胜劣汰的必然过程，但并不影响中国经济基本面向好的大趋势。

新冠肺炎疫情的冲击终将会过去，当前最重要的是各个企业应当尽快振作起来，走出迷茫，寻找到真正有效破局的方法。图 8-5 是从战略定位的角度给出的一些关于企业的破局见解。

图 8-5　后疫情时代企业的破局之法

1. 聚焦核心品类

核心品类即企业最具竞争力的业务。很多企业在处于舒适区时，往往习惯于盲目追求所谓的发展壮大，进行业务延伸，以谋求更多的收益。从品牌的角度来说，业务延伸即便短期可以增加企业收益，也是对品牌认知的稀释，是典型的"捡了芝麻，丢了西瓜"的行为，得不偿失。大多数情况下，企业所延伸的业务都非"相关联弱势品类合理延伸"，在面对专家品牌竞争时，竞争力低下，投入产出比并不高。

受新冠肺炎疫情的影响，许多企业特别是中小企业，普遍存在现金流紧张的现象，那么，如何最大化地降低运营成本，提升运营效率，平稳地度过危机就成了第一要务。因此，当下企业应当及时地砍掉弱关联、非核心品类的业务，释放资源，聚焦到核心品类上。**聚焦，是企业及品牌迈向成功最有效的方法之一，应当作为企业经营的一种常态。**

2. 增设互联网渠道是术，确立定位才是根本

在疫情封闭期间，具备互联网渠道的企业相对受损较小，各种"互联网＋"

的业务开始进入广大消费者的视野。随着移动互联网的进一步普及，线上渠道建设极有可能是大势所趋，但大家应该正确看待线上渠道与线下渠道的关系。线上渠道最大的功能是用较低成本更高效地传播及获客，线下渠道最大的功能则是体验及转化消费者，两者并非取代关系，而是互补与协作关系。

从打造主流品牌的角度来说，既有主流人群、主流品牌决定了主流渠道在哪里。

比如，由顺知定位咨询服务的品牌——人本帆布鞋，因成立早期捕捉到互联网渠道的发展红利，迅速做到线上帆布鞋品类第一。但自 2016 年起，随着以回力为代表的线下主流品牌重新回归崛起，对人本等品牌产生了较大冲击。顺知定位介入后，首先为人本确立了"专为中国人脚型设计"的"更舒适的帆布鞋"的差异化定位，然后基于这个差异化定位，大力进驻线下主流渠道；不仅使人本迎来新的增长，更重要的是，人本由此形成品牌心智资产积累，这也是由淘品牌蜕变为主流品牌的重要之路。

同理，对于传统线下企业而言，单纯增设互联网渠道，也许会使获客量有所提升，但这始终只能是一种短期效应。疫情终会结束，互联网渠道并非无争地带，红利已经消失，流量成本正在逐步攀升，俨然已是另一片"红海"。**缺少有效战略指引下的新渠道战术，并非解决获客问题的根本，只有先建立品牌的差异化定位，才是可持续的战略。**

3. 发现并捕捉真正符合趋势的新品类机会

品类分化与进化，是推动商品经济发展的核心动力，企业成功有效的方法之一就是发现并捕捉到一个新品类机会。需要注意的是，企业勿要把消费者的短期被动选择行为当作主流认知，勿把短期机会主义风口的弱势品类当作趋势及新品类机会。

真正的趋势是一种"慢变量"，短期的疫情只会加速或延缓趋势，却不会创造趋势本身。与其说"非典"创造了淘宝、京东，不如说"非典"加速了电商产业的发展，"加速"与"创造"显然是两个不同的概念。企业经营者应当具备科学独立的鉴别能力，不要人云亦云。

比如，在新冠肺炎疫情中最火的产品莫过于口罩等防疫物品，短期可谓是供不应求，甚至很多人都做起了跨国口罩生意。难道口罩品类就是下一个趋势？是不是相关企业都可以转型去生产口罩？从长期来看，短暂特殊环境下的巨大被动需求，依然无法改变口罩品类的弱势属性，这始终只能是一门短期机会主义生意。

再如，疫情防控期间备受欢迎的"线上办公"等所谓商机，在后"疫情时代"真的可以迅速崛起吗？事实上，使用体验才是决定其能否替代线下办公的关键，如果用户体验不佳，很难实现用户留存，其也仍然只能是既有品类的补充，而非替代，更非趋势。相反，"线上买菜""同城配送""线上娱乐"等业务在新冠肺炎疫情之前就已经呈现出良好的发展趋势，且已诞生叮咚买菜、闪送等多个新兴代表品牌，相信在本次疫情的助推下，将会得到加速发展。

4. 掌握正确的品类化方法

当企业发现新品类机会后，还要掌握正确的品类化方法，才能让新品类更快地进驻消费者心智，并逐渐发展壮大。品类化方法具体包括五个要素：为新品类命名、推出新品牌名、定义新品类、明确代表品项以及明确视觉锤。而在企业实践过程中，应该要警惕以下四个误区：

第一个误区，未推出新品牌来代表新品类，导致品牌延伸、认知模糊；

第二个误区，品类名缺失及命名模糊宽泛，无法精准对接消费者需求；

第三个误区，未明确占据新品类的首要价值；

第四个误区，设置太多代表品项。

新冠肺炎疫情终将过去，在后"疫情时代"，挑战与机遇并存。企业只有通过不断的学习，提升企业及品牌自身竞争力，才能更好地应对未来的挑战。